Ferdinand von Meerheimb

Shermans Feldzug in Georgien

Vortrag gehalten am 30. Oktober 1868 in der Militairischen Gesellschaft zu Berlin

Ferdinand von Meerheimb

Shermans Feldzug in Georgien
Vortrag gehalten am 30. Oktober 1868 in der Militairischen Gesellschaft zu Berlin

ISBN/EAN: 9783742899057

Hergestellt in Europa, USA, Kanada, Australien, Japan

Cover: Foto ©ninafisch / pixelio.de

Manufactured and distributed by brebook publishing software (www.brebook.com)

Ferdinand von Meerheimb

Shermans Feldzug in Georgien

Sherman's Feldzug in Georgien.

Vortrag,

gehalten am 30. Oktober 1868 in der Militairischen Gesellschaft zu Berlin

von

F. v. Meerheimb,

Major im Neben-Etat des großen General-Stabes, à la suite des 1. Hanseatischen Infanterie-Regiments Nr. 75.

Mit einem Plane.

Berlin 1869.
Ernst Siegfried Mittler und Sohn
Königliche Hofbuchhandlung.
Kochstraße 69.

Shermans Feldzug hat einen so großen Einfluß auf die Unterdrückung der secessionistischen Bewegung und die Erhaltung der Union gehabt, die Eigenthümlichkeiten der Kriegführung in Amerika treten gerade in ihm so klar hervor, daß es nöthig scheint, ein kurzes Bild des ganzen Krieges und der Verhältnisse, die ihn herbeiführten, voran zu schicken, um zu zeigen, welche Bedeutung gerade diese Episode hat, eine wie hervorragende Stelle ihr im Gesammtbilde gebührt. Die sozialen Verhältnisse wie die der inneren Politik haben in einem Bürgerkriege einen noch größeren Einfluß auf die Ursachen, den Ausbruch und die Fortführung des Krieges, als in dem Kampfe zweier verfeindeter Staaten, auch für ihn gilt Clausewitz's Wort, daß der Krieg nur eine Fortsetzung der Politik mit gewaltsamen Mitteln sei, daher ist es nothwendig eine flüchtige Darstellung dieser Verhältnisse voranzuschicken.

Die Veranlassung des Krieges war die Sklaverei, die allein den Gegensatz des Nordens und Südens verursacht hatte; nicht durch die Nationalität, die religiösen oder politischen Ueberzeugungen unterscheiden sich die Nord- und Süd-Staaten, sondern durch die Form der Arbeit; dieser Gegensatz war Ursache aller anderen, und in ihm fanden sie ihren schärfsten Ausdruck. — Im Norden freie Arbeit, der demokratischen Gesellschafts- und Staatsform entsprechend, ländlicher Kleinbesitz, Handel, Schifffahrt und Industrie; im Süden Plantagenbesitz in wenigen Händen, bearbeitet durch Sklaven, und Großhandel in einigen Seestädten wie Neu-Orleans und Charleston; in der einen Frage der Aufhebung oder Fortdauer und weiteren Ausbreitung der Sklaverei waren alle anderen Unterschiede der Schutzzölle und des Freihandels, der Bank-Frage, der Lebensweise, der inneren und äußeren Politik enthalten. Schon als die Unabhängigkeits-Erklärungs-Akte von Washington, Franklin und Hamilton entworfen wurde, bestanden diese Gegensätze, aber sie wurden verschleiert, um die Sklavenstaaten Carolina, Georgien und Virginien der Union zu erhalten, die Akte selbst spricht nicht von Sklaven, sondern nur von Personen, die zu unfreiwilliger Arbeit verpflichtet sind. Damals hatte die Union nur 800,000 Sklaven; der in gewaltiger Progression steigende Anbau der Baumwolle, die Eroberungen von Louisiana, Florida, Texas vermehrten die Anzahl der Sklaven, da die Plantagenarbeit immer lohnender wurde; 1860 waren in den Südstaaten fast 3½ Millionen Sklaven. Um das Uebergewicht im Kongreß und bei den Präsidentenwahlen zu behalten, mußte der Süden zur Erwerbung immer neuer Gebiete drängen, in denen die Sklaverei eingeführt werden konnte. Nach 20jähriger Ruhe, in Folge des Abschlusses des Missouri-Kompromisses, war der Kampf in den vierziger Jahren erbitterter als früher wieder ausgebrochen; in der Texasfrage, bei den Wirren in Kansas, dem Sklavenfanggesetz, der Entscheidung über den flüchtigen Sklaven Dredd Scott, endlich bei Browns mißglücktem Versuch, einen Sklaven-Aufstand zu entzünden, zeigte es sich, daß die drohende Krisis einer Entscheidung nahe sei; es war, wie Seward sagte, ein „irrepressible Conflict." Der an Bevölkerung und Einfluß mächtig gewordene Westen entschied Lincolns Wahl, und noch vor dessen Inauguration begann die Secession Süd-Carolinas, der bald Louisiana, Mississippi, Texas, Florida und andere, später die Vorderstates, Virginien, Kentucky, Tenessee, zum Theil gezwungen, folgten.

Durch das Feuer auf dem Star of the west, der Fort Sumter verstärken wollte, durch die Beschießung des Forts, die Wegnahme von Arsenalen und Marine-Etablissements, die im Süden gelegen waren, erklärte der Süden thatsächlich den Krieg. Der Zweck des Krieges war für die Südstaaten die Trennung von der Union, um die Sklaverei erhalten und weiter ausbreiten zu können, für die Nordstaaten Erhaltung der Union. Die Aufhebung der Sklaverei, die Lincoln erst am 1. Januar 1863 in den Staaten proklamirte, die gegen die Union im Kriege waren, wurde erst später ein Hauptziel des Kampfes, weil erkannt wurde, daß die Sklaverei eine fortdauernde Ursache der feindlichen Gegensätze sein würde, die später ähnliche Kämpfe herbeiführen müßten. Schon Washington hatte es als eine Gefahr für die Vereinigten Staaten bezeichnet, daß die politischen und sozialen Parteien dort auch geographisch geschieden seien.

Noch im Frühjahr 1861 glaubten Lincoln und seine Minister, wie das Volk in den Nordstaaten, nicht an den Ernst des bevorstehenden Kampfes, ebenso hoffte Jefferson Davis auf eine Vermittelung Englands und Frankreichs. Cotton is King war ein teckes, oft im Süden gebrauchtes Wort; Englands Wohlstand und Industrie glaubte man an den Export der Baumwolle aus den Südstaaten geknüpft, daher müßte es, meinte man, einen Krieg verhindern und die Union zwingen, die Secession zu gestatten. Der Präsident, der Befehlshaber der Truppen und der Marine, war durch seinen Eid gebunden, die Union zu erhalten, er hatte geschworen: „das Amt eines Präsidenten der Vereinigten Staaten getreu zu verwalten und nach besten Kräften die Verfassung der Vereinigten Staaten zu bewahren, zu schützen und zu vertheidigen."

Die Offiziere des Heeres wie der Marine dienten nur der Union, standen zu den Staaten in gar keinem Verhältniß, doch war die revolutionäre Bewegung stark genug, um den größten Theil der aus den Südstaaten gebürtigen Offiziere des Landheeres und viele Beamten mit fortzureißen. Dennoch glaubte die Regierung in Washington, daß wenige Milizen und Freiwilligen-Regimenter und das etwas vermehrte stehende Heer genügen würden, um Richmond zu nehmen, die dortige konföderirte Regierung zu verjagen und die Secession zu unterdrücken. Erst nach dem unglücklichen Gefecht von Bullrun enthüllte sich die Größe und Bedeutung des nahenden Riesenkampfes. Und nun erst wurde der schon von Scott empfohlene, oft verspottete Plan eines umfassenden Angriffs des gewaltigen feindlichen Gebiets eingeleitet. Bei jeder Beurtheilung der Operationen jenes Krieges muß man sich die räumlichen Dimensionen vergegenwärtigen. Das Gebiet der Vereinigten Staaten inclusive der Territorien, aber ohne Alaschka, beträgt 208,000 deutsche Quadratmeilen; ohne die unbesiedelten Territorien, ohne Nevada, Colorado und andere betrug das Gebiet der Union 1861 gegen 80,000 Quadratmeilen, und das feindliche Gebiet, das nach dem sogenannten Anaconda-Plan umspannt und erobert werden sollte, war etwas größer als Deutschland, Oesterreich, Frankreich und Spanien zusammengenommen. In europäischen Kriegen zwischen mehr oder minder centralisirten Staaten handelt es sich hauptsächlich darum, das feindliche Heer zu schlagen und die Hauptstadt einzunehmen; in Amerika, bei der großen Selbstständigkeit der Staaten, der leidenschaftlichen Parteinahme des ganzen Volkes, galt es, das ganze Gebiet der Südstaaten zu beherrschen und die Rebellion überall zu erdrücken. Man kann in jenem Kriege drei Kriegstheater unterscheiden: erstens das östliche in Virginien, wo die größten Heere sich gegenüberstanden, die Sitze der Regierungen in Washington und Richmond nur 36 Meilen von einander entfernt waren; dann das centrale Kriegstheater in Kentucky und Tenessee, die Verbindung mit dem westlichen sichernd und besonders wichtig, weil die Eisenbahnnetze des südwestlichen und südöstlichen Theiles der Konföderation und der Mittelstaaten sich nur hier verbinden, endlich weil sich von hier aus der Zugang in die reichen Staaten Georgien und Alabama öffnet. Das westliche Kriegstheater am Mississippi hatte seine besondere Bedeutung durch den mächtigen Strom, der Hauptpulsader für die korn- und viehreichen Staaten am Missouri und am oberen Mississippi, der in seinem späteren Lauf noch die großen Flüsse Ohio mit Tenessee und Cumberland, Arkansas und Red River aufnimmt, alles Wasser-Verbindungen von größter Wichtigkeit. Außerdem war es die Aufgabe der weit überlegenen Flotte des Nordens, das Littorale zu beherrschen, die Häfen zu blokiren, die Stromeinfahrten zu gewinnen und überall in Uebereinstimmung mit dem Landheere zu operiren, was erst in neueren Kriegen den von Strom und Wind unabhängigen Dampfschiffen möglich geworden, und was die mächtigen, bis tief ins Land hinein schiffbaren Ströme Amerikas erleichterten. Gerade in der ersten Periode des Krieges hatte die Flotte, so lange die Küsten- und Strombefestigungen in ungenügendem Zustande waren, große Erfolge, später hatte sie weit geringere Erfolge und mußte die wenigen theuer erkaufen.

Im Frühjahr 1862 führte Mac Clellan das von ihm gebildete Heer nach dem James River, um im Verein mit dem von Fredericksburg und im Shenandoah-Thal vorrückenden Korps Richmond anzugreifen. Als sein genial angelegter Plan durch Jacksons kühne Offensive, durch die Mac Clellan versagte Mitwirkung der anderen Korps und durch dessen eigene Unentschlossenheit gescheitert war, drang Lee, nachdem er Pope und Banks zurückgeworfen, über den Potomac,

Septbr. 1862. kehrte aber nach der unentschiedenen Schlacht am Antietam wieder zurück. Mac Clellan wagte nicht ihm zu folgen, und beide Heere

Dezbr. 1862. standen sich im Herbst an den Ufern des Rappahannock gegenüber. Burnsides kopfloser Angriff der Werke bei Fredericksburg mißglückte

3. Mai 1863. so gut als Hookers spätere Umgehung, und zum zweiten Male überschritt Lee den Potomac und drang in Maryland und Pensylvanien ein. Aber die Erfolge seines Heeres schienen an den hei-

/3. Juli 1863. mischen Boden Virginiens geknüpft, vergebens griff er Gettysburg an und mußte nach blutigen Verlusten in seine Stellung am Rapidan zurückgehen. Meade, der neue Befehlshaber der Potomac-Armee, wagte ihm nur langsam zu folgen, und es trat in Virginien eine neunmonatliche Pause ein.

Auf dem centralen Kriegstheater war es gelungen, Kentucky und den nördlichen Theil von Tenessee zu behaupten, wenn auch oft Guerillaschaaren und einzelne größere Offensiv-Unternehmungen der Konföderirten vorübergehende Erfolge hatten; bei der Einnahme von Fort Donelson wie bei Shiloh hatte Grant jene zähe Energie gezeigt, die er später in größeren Kämpfen bewähren sollte. Im Februar 1863 hatte Rosenkranz bei Murfreesborough gesiegt, Bragg später bis über Chattanooga hinausgedrängt, war dann unvorsichtig bis über den Chickamauga gefolgt, geschlagen und mit großen Verlusten in die Stellung bei Chattanooga zurückgegangen. Am Ende des Jahres siegte Grant entscheidend bei Missionary Ridge über Bragg und behauptete den Eisenbahnknoten von Chattanooga, Tenessee und Kentucky schützend; zugleich eröffneten sich dadurch die Zugänge nach Georgien. Schon im Frühjahr 1862 war es Butler und Farragut gelungen, New-Orleans zu nehmen und bis Baton Rouge am Mississippi zu bringen. Von Cairo und Memphis her, unterstützt durch Porters Flotille, suchte das Heer der Unirten, zuerst unter Halleck, dem späteren General en chef, die freie Schifffahrt auf dem Mississippi herzustellen und das Gebiet der Konföderation durch Beherrschung des Stromes, der es theilte, zu spalten. Aber Vicksburg und Port Hudson sperrten die zwischen ihnen liegende Stromstrecke, und erst nach unendlicher Mühe und nach mehreren gescheiterten Versuchen gelang es Grant unter Farraguts und Porters Mitwirkung im Anfang Juli 1863, Vicksburg zur Kapitulation zu zwingen. Port Hudson fiel bald darauf. Am 4. Juli 1863 kam die Nachricht von dem Fall von Vicksburg in Washington an, am Tage der Unabhängigkeits-Erklärung der 13 vereinigten Staaten; am 3. Juli war bei Gettysburg gesiegt, die Invasion zurückgeschlagen worden; bald darauf wurden die Emeuten der demokratischen, südstaatlich gesinnten Partei in New-York unterdrückt, und die in andern Städten vorbereiteten, die auf fernere Siege des südlichen Heeres gehofft, wagten nicht sich zu erheben. Es waren die Tage der Krisis, nie hatte die Union, Washingtons großes Werk, in größerer Gefahr geschwebt; nach dem Siege von Gettysburg, dem Fall von Vicksburg war sie gerettet, es galt nur eine erneute Kraftanstrengung, um die Secession zu erdrücken.

Trotz aller vereinzelten Erfolge des Heeres und trotz der großen Opfer, die das Volk gebracht, fehlte es der Kriegführung an energischer, einheitlicher Leitung. Schon im Sommer 1862 war Halleck zum Oberbefehlshaber der sämmtlichen Armeen ernannt worden, aber er führte keine im Felde, suchte alle Operationen vom Kabinet aus zu leiten, griff oft hindernd und störend in die Pläne der einzelnen Feldherren ein, die durch ihn beschränkt, seine Befehle halb oder gar nicht ausführten. So forderten schon nach dem Siege von Gettys= burg, wo die erwartete Verfolgung und Vernichtung des Feindes wie in früheren Fällen unterblieb, die Armee und das ganze Volk, die Führung aller Heere in eine feste Hand zu legen. Eine Reihe glänzender Siege von Fort Donelson und Vicksburg bis Chattanooga hatte Grants Namen am populärsten gemacht, an ihn schien der Sieg geknüpft. Die Einfachheit, Bescheidenheit und Uneigennützigkeit seines Charakters, seine Beliebtheit im Heere ließen seine Wahl besonders geeignet erscheinen. Seine Persönlichkeit wie die Shermans, und die bisherigen Verhältnisse zum Kabinet und dem Ober=Kommando in Washington wie zum Kongreß, werden sich am Besten aus der fol= genden Korrespondenz zwischen Grant und Sherman erkennen lassen. Grant schrieb Sherman, als er die Nachricht von seiner Ernennung erhalten, um ihm und Mac Pherson für ihre Mitwirkung zu danken, die es ihm allein möglich gemacht, große Erfolge zu erringen, den folgenden Brief:

Nashville, Tenessee, 4. März 1864.
Theurer Sherman!

Die Bill, die den Rang eines Generallieutenants in der Armee wieder herstellt, ist Gesetz geworden, und mein Name ist dem Senat für diese Stelle genannt worden. Ich bekomme soeben Befehl, mich in Person nach Washington zu begeben, was einer Bestätigung gleich ist oder scheint. Ich reise heute Morgen ab, um den Befehl auszu= führen, aber ich werde bei meiner Ankunft deutlich erklären, daß ich keinen Posten annehme, der mich zwingt, Washington zu meinem Hauptquartier zu machen. Doch ist es nicht das, was ich schreiben wollte. Wenn ich im Kriege bedeutende Erfolge gehabt und zuletzt das Vertrauen des Volkes gewonnen habe, so fühlt Niemand mehr als ich, daß ich die Erfolge der Energie, Geschicklichkeit und dem harmonischen Zusammenwirken derer verdanke, die ich das Glück hatte zu kommandiren. Viele Offiziere sind da, auf die sich diese Bemer= kung in höherem oder geringerem Grade bezieht, je nach ihrer mili= tairischen Befähigung, aber es ist mir Bedürfniß, Ihnen und Mac Pherson meinen besonderen Dank zu sagen, als den Männern, denen ich, mehr als allen anderen, für meine Erfolge verpflichtet bin. Wie sehr Ihr Rath und Ihre Eingebungen mich unterstützt haben, wissen Sie, wie sehr Ihre Ausführung Sie zu der Belohnung berechtigt, die ich empfangen, können Sie nicht so gut wissen als ich. Ich fühle allen Dank, den dieser Brief in der schmeichelhaftesten Form, die ich ihm zu geben vermag, aussprechen kann. Ich sage Ihr (you) im Pluralis, denn es gilt auch Mac Pherson, ich sollte ihm schreiben, und will es noch thun, aber heute früh abreisend, finde ich keine Zeit.

Euer Freund Ulysses Grant, Major-General.

Sherman erwidert:

Near Memphis, 10. März 1864.

Theurer General! Ich habe Ihren mehr als gütigen und charakteristischen Brief vom 4. erhalten. Ich will gleich dem General Mac Pherson eine Abschrift senden. Sie thun sich selbst Unrecht, und erzeigen uns zu viel Ehre, wenn Sie uns einen so großen Antheil an den Verdiensten zuweisen, die Ihre hohe Beförderung veranlaßten. Ich weiß, Sie genehmigen die Freundschaft, die ich immer für Sie bewahrt habe, und erlauben mir, sie wie bisher bei jeder geeigneten Gelegenheit zu zeigen. Sie sind nun Washington's legitimer Nachfolger und nehmen eine Stellung von fast gefährlicher Höhe ein, aber wenn Sie fortfahren können wie bisher Sie selbst zu sein, einfach, ehrenhaft, anspruchslos" — so werden Sie lebenslänglich sich der Achtung und Liebe ihrer Freunde erfreuen und der Dankbarkeit von Millionen menschlicher Wesen, die von Ihrer Hand großentheils die Sicherung einer Regierung des Gesetzes und der Stabilität für sich und ihre Nachkommen erwarten. Ich wiederhole, Sie erzeigen Mac Pherson und mir zu viel Ehre. Bei Belmont verriethen Sie Ihre Natur, keiner von uns war in der Nähe; bei Fort Donelson zeigte sich Ihr ganzer Charakter, ich war nicht da, Mac Pherson in zu untergeordneter Stellung, um Einfluß auf Sie zu üben. Bis zu Ihrem Siege bei Donelson war ich, ich gestehe es, erschreckt durch die furchtbare Anzahl anarchischer Elemente, die sich überall zeigten, aber da brach der Strahl des Lichts durch, dem ich seitdem gefolgt bin.

Ich halte Sie für so brav, patriotisch und gerecht als das große Vorbild, Washington — so selbstlos, gutherzig und ehrenhaft, wie ein Mann es sein soll, aber Ihr charakteristischer Zug ist der einfache Glaube an den Erfolg, den Sie immer gezeigt haben, den ich mit nichts als dem Glauben des Christen an seinen Erlöser vergleichen kann. Dieser Glaube gab Ihnen die Siege von Shiloh und Vicksburg. Daher, wenn Sie nach bestem Wissen Ihre Vorbereitungen getroffen, gehen Sie wie bei Chattanooga ohne Zögern in die Schlacht, ohne Zweifel, ohne Rückhalt, und ich sage Ihnen, das war es, was uns Vertrauen gab. Ich wußte, daß, wo immer ich war, Sie an mich dachten, und daß Sie kommen würden, wenn ich in Gefahr war, falls Sie noch am Leben waren. Meine einzigen Zweifel betrafen Ihre Kenntniß der Strategie, der Wissenschaft und Geschichte — aber ich gestehe, Ihr gesunder Menschenverstand scheint all das Wissen ersetzt zu haben.

Nun zu dem, was vor uns liegt. Bleiben Sie nicht in Washington. Halleck ist besser als Sie geeignet an den Kämpfen der Intrigue und Politik Theil zu nehmen. Kommen Sie nach Westen, nehmen Sie selbst das ganze Thal des Mississippi. Lassen Sie es uns ganz sicher und ruhig machen, und ich sage Ihnen, die Hügel am atlantischen Meere und die Küsten des stillen Meeres werden ihrer Bestimmung so sicher folgen, wie die Zweige eines Baumes mit dem Stamme leben oder welken. Wir haben viel gethan, aber viel bleibt noch zu thun. Die Zeit und der Einfluß der Zeit sind mit uns. Fast können wir still sitzen und diese Einflüsse wirken lassen. Selbst in den Staaten der Secession wird Ihr Wort jetzt weiter reichen, als eine Proklamation des Präsidenten oder eine Kongreß-Akte. Um Gottes und unseres Vaterlandes Willen bleiben Sie nicht in Washington. Ich sagte General Halleck, als er von Corinth wegging, das unvermeidliche Resultat vorher, und ich bitte Sie nun nach Westen zu kommen. Hier liegt der Sitz des werdenden Reichs, und von Westen aus, wenn unsere Aufgabe erfüllt ist, wollen wir schnell mit Charleston und Richmond und der verarmten Küste des atlantischen Meeres fertig werden.

Ihr
aufrichtiger Freund
W. S. Sherman.

Durch diese Briefe weht ein Hauch antiker Einfachheit und Größe. Die Hindeutung auf den Westen erinnert an Jeffersons Prophezeiung, daß der stille Ocean bestimmt sei, ein amerikanischer See zu werden. Was vor 70 Jahren eine Prahlerei schien, ist heute durch den steigenden Einfluß des Westens, in dem der Schwerpunkt der Vereinigten Staaten liegt, der Erfüllung näher gerückt. Die schnell wachsende Macht und Größe des jungen Riesenstaates wirft schon jetzt dunkle Schatten fern über den atlantischen Ocean in manches stolze englische Herz.

William Tecumseh*) Sherman, aus einer englischen, schon im 17. Jahrhundert nach Amerika ausgewanderten Familie stammend, war 1820 in Ohio geboren. Sein Vater, ein Anwalt, starb früh und Sherman wurde, da kein Vermögen hinterblieben war, später auf Staatskosten in West-point erzogen. Dann trat er als Lieutenant bei der Artillerie ein, stand mehrere Jahre in Florida und nahm an den mühseligen, ruhmlosen Kämpfen gegen die Indianer Theil. 1851 nahm er seine Entlassung und wurde Geschäftsführer eines Handlungshauses in St. Francisco, nach einigen Jahren wurde er von dem Staate Louisiana als Superintendent einer Militairschule angestellt. Als im Winter 1860—61 die Secessionsbewegung immer stärker anschwoll, erkannte Sherman, daß eine Vermittelung zwischen beiden Parteien unmöglich sei und ein naher Bruch bevorstände. Er schrieb am 18. Januar dem Gouverneur von Louisiana:

„Sir! Da ich eine halb militairische Stellung im Staate habe, halte ich es für passend Ihnen mitzutheilen, daß ich das Amt übernahm, als Louisiana ein Staat in der Union war, als in Marmor über der Thür des Seminars die Worte standen „„durch die Liberalität der Regierung der vereinigten Staaten, die Union — esto perpetua"". Neuere Ereignisse deuten auf einen großen Umschwung, es geziemt Jedem zu wählen, wenn Louisiana sich von der Union zurückzieht. Ich bleibe ihr treu, so lange ein Stück von ihr übrig ist, mein längeres Bleiben hier wäre in jedem Sinne unrecht. Ich bitte mich schleunig meiner Stelle zu entheben, denn keine irdische Macht soll mich zwingen ein Wort zu denken oder etwas zu thun, das der alten Union feindlich und schädlich sein könnte."

Sherman zeigte hier wie während seiner ganzen politischen Laufbahn, daß er den Mannesmuth seiner Meinung im vollsten Sinne besaß; er wurde sofort entlassen und ging nach Washington, um sich der Regierung zur Disposition zu stellen. In einem Gespräche mit Lincoln sagte er, daß er einen großen Krieg der Nord- und Südstaaten nahe glaube, die Union könne nur durch Besiegung eines hartnäckigen und erbitterten Feindes erhalten werden.

---

*) Diesen Namen hatte der Vater zum Gedächtniß eines indianischen Häuptlings gewählt, der im Anfang des 19. Jahrhunderts den Plan einer Vereinigung aller indianischen Stämme faßte.

Lincoln hielt Shermans Befürchtungen für übertrieben, die folgenden Jahre sollten beweisen, wie richtig dieser die energische und fanatisirte Bevölkerung des Südens beurtheilt hatte. Sherman wurde zum Oberst eines Freiwilligen-Regiments gewählt, erhielt dann eine Brigade, zeichnete sich schon im ersten Treffen bei Bull run, dann bei Shiloh aus, und führte eine Division, darauf ein Korps, zuletzt die Tenessee-Armee in der Mississippi-Campagne 1863 und trug wesentlich zum Siege bei Missionary-ridge bei. Den Plan, in das Herz der Südstaaten zu bringen, die Eisenbahnen und alle Verbindungen zu zerstören, um so die Heere der Südstaaten zu isoliren und ihnen die Subsistenzmittel zu entziehen, hatte er schon seit Jahren verfolgt und die geographischen Verhältnisse genau studirt. Griersons kühner Zug durch Mississippi, die Operation gegen Meridian hatten ihm gezeigt, daß eine Invasions-Armee in den reichen Ländern überall zu leben finde und daß von den feindlichen Guerillas wenig zu fürchten sei. In Uebereinstimmung mit Lincoln, Halleck, Stanton wurde der Plan für den Feldzug 1864 von Grant und Sherman entworfen. Die Potomac-Armee unter Meade, bei der Grant sich aufhielt, und die er führte, sollte über den Rapidan und Rappahannock gegen Lee's Armee vordringen, diese vernichten oder zurückdrängen und Richmond nehmen, Sigel sollte im Shenandoah-Thal, Butler auf dem James river vorgehen, und sich wo möglich Richmonds und Petersburgs bemächtigen, während Banks von Louisiana aus unter Mitwirkung eines Theils der Flotte Mobile angreifen, und sich dann gegen Norden wenden sollte. Sherman war die Aufgabe zugewiesen, zu derselben Zeit von Chattanooga aus in Georgien einzudringen und Johnston zurückzuwerfen, sein fernstes Ziel war Atlanta. Er schrieb Mitte April von Chatanooga aus an Grant:

„Sollte Johnston bis hinter den Chattahoochee zurückgehen, so würde ich seinen linken Flügel bedrohen, aber den rechten angreifen, und je nach Umständen gegen Atlanta und seine östlichen Kommunikationen vorgehen. So weit etwa blicke ich jetzt, aber immer werde ich im Auge behalten, Johnston so zu beschäftigen, daß er keinenfalls einen Theil seiner Truppen gegen Euch oder Banks senden kann. Wenn Banks zur selben Zeit Mobile nehmen und den Alabama öffnen kann, wird er den schwierigsten Theil meiner Aufgabe lösen — die Sorge um Lebensmittel. Aber darauf muß ich es ankommen lassen. Georgien hat eine Million Einwohner, können sie leben, so werden wir nicht verhungern. Wenn der Feind meine Verbindungen unterbricht, so bin ich jeder Verpflichtung enthoben, durch meine eigenen Hilfsmittel zu leben, und ich fühle mich vollständig berechtigt, wenn ich nehme, was und wo ich es finde. Ich will, wenn ich kann, meine Truppen mit meinem Gefühl beseelen, und ich meine, daß Rindfleisch und Salz Alles sind, was man zur Nothdurft des Lebens bedarf. General Jacksons Armee lebte einst auf demselben Operationsfelde von geröstetem Korn."

Unter Sherman wurden die Cumberland-, Tenessee- und Ohio-Armee vereinigt, 98,797 Mann und 254 Geschütze. Die Cumberland-Armee unter Thomas bestand aus dem Korps Howard (4), Palmer (14) und Hooker (40):

60,773 Mann und 130 Geschütze.

Die Tenessee-Armee unter Mc Pherson, bestand aus dem Korps von Logan (15) und Dodge (16), im Juni trat noch das Korps von Blair (17) hinzu:

24,465 Mann und 96 Geschütze.

Die Ohio-Armee unter Schofield (13. Korps Schofield):

13,559 Mann und 28 Geschütze.

Im Ganzen:

88,188 Infanterie, 6149 Kavallerie, 4460 Artillerie und 2 Ponton-Trains.

Es ist eigenthümlich, daß Sherman den Verband dieser so ungleichen Armeen nicht trennte, er ließ jede Armee unter dem Führer, der sie zu Siegen geführt, und in der Zusammensetzung, in der sie ruhmvoll gefochten. Im Verlaufe des Feldzuges theilte er mehrmals einzelne Divisionen und Korps einer andern Armee zu, aber immer nur zu besonderen, vorübergehenden Zwecken. Es scheint darin eine Achtung der moralischen Elemente zu liegen, die im Kriege oft entscheidender einwirken, als die mechanischen und materiellen. Diese 3 Armeen wurden im April in der Umgegend von Chattanooga zusammengezogen, in den ersten Tagen des Mai sollte die Offensiv-Bewegung aller Heere unter Grants Oberbefehl beginnen. Sherman gegenüber stand Johnston, einer der fähigsten Generale des Südens; 1862 war er bei Fair Oaks schwer verwundet worden und hatte erst im Frühjahr 1863 wieder die Führung des Korps übernehmen können, das Vicksburg entsetzen sollte. Johnston stand jetzt mit 3 Korps (Hood, Hardee, Polk), etwa 45,000—50,000 Mann und 10,000 Pferden unter Wheeler bei Dalton und Tunnel Hill, südöstlich von Chattanooga, an der nach Macon, Montgomery und Augusta führenden Bahn, seiner unentbehrlichen Verpflegungslinie. Die Zahl der Geschütze in Johnstons Armee ist nirgends angegeben, die Artillerie war den Divisionen und den Korps als Reserve-Artillerie zugetheilt, die Kavallerie war selbstständig und wurde meist zu besonderen Operationen verwendet. In Shermans Armee fehlte es ebenfalls an Divisions-Kavallerie, wie an taktischen Kavallerie-Reserven, die Kavallerie wurde zum Sicherheitsdienst und zu Operationen gegen feindliche Verbindungen im weitesten Sinne gebraucht, und stand bei den angeordneten Positionen meist auf den Flanken. Die Artillerie war bei den Divisionen eingetheilt, außerdem hatte jede der 3 Armeen eine Reserve-Artillerie. Eine Gleichmäßigkeit in der Organisation scheint aber nicht bestanden zu haben. So hatte z. B. die Cumberland- und Ohio-Armee auf 1000 Mann etwas mehr als 2 Geschütze, die Tenessee-Armee 4 Geschütze.

Es erscheint nothwendig, der Kampagne eine kurze Beschreibung des Kriegstheaters und eine Angabe seiner Entfernungen voranzuschicken. Georgien ist etwa 5000 geographische Quadratmeilen groß, es hatte fast 1 Million Einwohner und zerfällt in 3 landschaftlich sehr verschiedene Theile. Der nördliche, etwa bis Marietta wenige Meilen vom Chattahoochee reichend, ist gebirgig, die niedrigeren Berge und die Thäler sind reich an Gras und Roggen, es wird viel Eisen gewonnen, in Atlanta, Rome und anderen Orten verarbeitet, und da das Gebiet der Konföderation sonst sehr arm an Eisen ist, lag darin ein Theil der Wichtigkeit Georgiens. Der mittlere Theil, etwa bis südlich von Milledgeville reichend, ist wellenförmiges Hügelland, die Kornkammer der Südstaaten, es wird Weizen, Mais und Baumwolle gebaut und viel Vieh gehalten. In Roßwell waren große Leder- und Tuchfabriken und in Atlanta waren Walz- und Pulvermühlen, Geschützgießereien und Waffenfabriken aller Art angelegt worden. Atlanta liegt weit ausgedehnt auf Höhen, hat 2 Miles im Durchmesser, in der Mitte der Centralbahnhof. Vor dem Kriege hatte es 15,000 Einwohner, in Folge der vielen Etablissements und weil Bewohner von Nord-Georgien dahin geflüchtet, hatte es 1864 über 20,000 Einwohner. Der südöstliche Theil Georgiens, von breiten wasserreichen Strömen durchschnitten, ist sandig, mit Fichtenwäldern bedeckt. Die Ufer der Ströme, namentlich nach der Seeküste hin, sind sumpfig. Von besonderer Wichtigkeit war Atlanta als Eisenbahnknoten, von hier aus ging die Nord-Eisenbahn nach Chattanooga, die auf mächtigen Brücken über den Coosawattee, den Etowah und Chattahoochee führte, — und die nach Montgomery, Macon und Augusta führenden Bahnen, die nach dem Verluste von Chattanooga allein das südwestliche Bahnsystem mit Virginien und Carolina vermittelten. Die Augusta- und Macon-Bahn führten zugleich nach Charleston und Savannah.

Die Entfernung der im Verlaufe des Feldzuges wesentlichen Punkte von Chattanooga ist folgende:

Chickamauga	10 miles	Calhoun	60 miles
Ringold	23 „	Etowah	95 „
Tunnel Hill	31 „	Allatoona	98 „
Dalton	38 „	Marietta	119 „
Resaca	56 „	Atlanta	138 „

Die von Atlanta nach Savannah führende Bahn ist 297 miles lang; eine amerikanische mile ist etwa 0,23 einer geographischen.

Am 6. Mai stand die Cumberland-Armee in und um Ringold; die Tenessee-Armee bei Gordonsmill; die Ohio-Armee bei Red Clay. Sherman überzeugte sich von der Schwierigkeit, Johnston in der Front anzugreifen.

Der felsige Gebirgsrücken, der von Norden nach Süden streift, hatte 2 Pässe: Tunnel Hill und Buzzard Roost, die beide durch Schanzen, Batterien, Verhaue und Schützengräben verstärkt waren. An der nordwestlichen Seite war Dalton durch starke Werke bei Mills Creek geschützt. Durch das ½ mile breite Thal von Buzzard Roost geht die Eisenbahn von Chattanooga nach Atlanta. Etwa 10 miles südlich von Dalton führt ein dritter Paß durch das Gebirge, der Snake gap, von dem ein Weg nach Resaca und der dortigen Eisenbahnbrücke, ein zweiter zu einer anderen Brücke über den Oostanaula führt. Sherman ließ Mc Pherson mit der Tenessee-Armee von Gordonsmill durch den nur durch Kavallerie beobachteten Snake-Gap gegen Resaca vorgehen, während Thomas von Ringold aus Tunnel Hill am 7. angriff. Während der Umgehung von Johnstons linker Flanke sollten die Frontalangriffe ihn in seiner Stellung festhalten. Die unentbehrliche Verbindungslinie der konföderirten Armee, die in dem menschenarmen bereits ausgesogenen Lande nicht durch Requisition leben konnte, war die Eisenbahn nach Atlanta, von der Johnston sich nicht abschneiden lassen durfte.

Am 7. hatte Thomas Tunnel Hill nach geringem Widerstande genommen, erlitt aber beim Angriff von Buzzard Roost, durch das 4. Korps unter Howard, Verluste, und Sherman entschloß sich, auch die Cumberland-Armee vom rechten Flügel ab nach dem Snake gap zu ziehen, während Schofield vor Buzzard Roost stehen blieb. Mc Pherson hatte, nachdem er eine kleine Abtheilung Kavallerie zurückgeworfen, das Terrain von Resaca zu ungünstig und die Stellung selbst zu stark gefunden; er war daher nach dem Snake gap zurückgegangen. Als Johnston Shermans Absicht, ihn zu umgehen, bemerkte, räumte er Buzzard Roost und Dalton und zog sich nach der Stellung und dem Brückenkopf von Resaca zurück. Zwei Divisionen des Korps Howard besetzten sofort Dalton. Da Johnston sich auf der inneren Linie bewegte, konnte er Resaca früher, als Sherman, schon am 12. erreichen, während die feindlichen Vortruppen aus dem Snake gap debouchirten.

Resaca liegt auf der Halbinsel, die der Ostanaula an der Stelle bildet, wo er den Coosawattee aufnimmt; die nordwestliche Seite der Halbinsel war durch eine starke Reihe von Werken geschlossen.

Am 13. und 14. wurden die Verschanzungen durch Verhaue, spanische Reiter, Schützengräben verstärkt, und durch die Korps von Polk, Hood und Hardee besetzt.

Am 14. früh begann Sherman seinen Angriff, zunächst nur Tirailleure gegen die Stellung vorschickend; ein Korps war über den Ostanaula gegen Calhoun dirigirt, um Johnston zu umgehen und die Eisenbahn zu gewinnen, konnte aber wegen des schwierigen Terrains nicht bis Calhoun dringen. Gegen Mittag griff Palmers Korps vom linken Centrum aus an, wurde aber mit Verlust zurückgeworfen, um 3 Uhr machte Johnston einen Gegenangriff, der nur dadurch vereitelt wurde, daß Hooker den linken Flügel unterstützte.

Mc Pherson ging über den Camp Creek und nahm eine befestigte Anhöhe am linken Flügel der Konföderirten.

Am 15. erneuerte sich das Gefecht, Hooker erstürmte eine Lünette mit vier Geschützen, von der aus ein Feuer auf beide Brücken über den Ostanaula gerichtet werden konnte. — Hoods Versuche, die verlorene Batterie wieder zu gewinnen, mißglückten, aber ebenso wenig konnte Hooker bei dem vernichtenden Feuer aus den Schützengräben weiter Terrain gewinnen. Am 15. telegraphirte Sherman an Halleck: „Wir haben gegen 3000 Mann, meist durch Tirailleurfeuer verloren, die Gegend ist bergig und dicht bewaldet, sie giebt der Defensive große Vortheile."

Um Johnstons linken Flügel zu umgehen und die Eisenbahn südlich von Resaca zu erreichen, war Stoneman, der an Stelle des verwundeten Kil-Patrick die Kavallerie kommandirte, auf 2 bei Lays Ferry geschlagenen Pontonbrücken über den Etowah gegangen, um die Eisenbahn oberhalb Kingston zu zerstören. Obgleich es ihm nicht gelang, hielt Johnston seine Stellung doch für gefährdet, räumte heimlich in der Nacht zum 16. Resaca und rückte nach Caßville. 4 Geschütze und viele Lebensmittel hatte er zurückgelassen, die Eisenbahnbrücke bis auf die Pfeiler zerstört. Die andere Brücke war aber unversehrt geblieben, so daß es scheint, daß die Räumung in großer Hast und Unordnung ausgeführt worden. Wahrscheinlich hatte er Resaca nur so lange halten wollen, bis er seine Trains und allen Proviant gesichert.

Am 16. früh besetzten Thomas' Truppen Resaca, die Unirten hatten in den Kämpfen der letzten Tage 4—5000 Mann, großentheils leicht Verwundete, die Konföderirten, hinter Werken kämpfend, nur 2500 Mann verloren. Wie überall hatten sich die Unionstruppen auch hier verschanzt; Geschützemplacements durch Verhaue und Schützengräben verbunden, Redouten an besonders wichtigen Punkten wurden sogleich angelegt, wenn die Armee hielt, um zu bivouakiren oder den Angriff einer feindlichen Stellung vorzubereiten.

Am 16. hatte Thomas bei Resaca, Mac Pherson bei Lays Ferry, Shofield am linken Flügel den Oostanaula überschritten. Am 18. war Shermans Hauptquartier in Adairsville, am 19. in Kingston; nur die Kavallerie unter Stoneman und Mac Cook war dem Feinde gefolgt.

Die Avantgarde hatte Kingston schon am 18. erreicht, 4—5 miles davon stand Johnston hinter starken Erdwerken bei Caßville. In Voraussicht einer bevorstehenden Offensive des Unionsheeres von Chattanooga aus, waren die wichtigsten Positionen längs der Eisenbahnlinie durch zweckmäßig angelegte Werke verstärkt worden, namentlich bei Resaca, am Allatoona-Paß und bei Marietta und Atlanta. Am 19. rückte Shofield vom Norden, Thomas als rechter Flügel vom Westen gegen Caßville vor. Mac Pherson folgte als Reserve; aber in der Nacht zum 20. zog sich Johnston hinter den Etowah zurück, nachdem er die Straße zerstört und die Eisenbahnbrücke verbrannt hatte.

Wie bei allen amerikanischen Armeen, so waren auch bei der in Georgien constructing parties, Eisenbahnabtheilungen, die die Aufgabe hatten, die Eisenbahnen, namentlich zerstörte Brücken, sofort wieder herzustellen.

Den großartigen militairischen Transport von Truppen, Lebensmitteln und Material, den Bau neuer Bahnen, die Herstellung zerstörter Bahnen, leitete für das gesammte Kriegstheater General Mac Callum; in Shermans Armee stand der Oberst Wright an der Spitze der Eisenbahnabtheilung und Sherman hebt dessen außerordentliche Leistungen mehrmals rühmend hervor.

Da Sherman den Uebergang über den Etowah Angesichts des Feindes und den Angriff des Allatoona-Passes scheute, entschloß er sich zu einer größeren Umgehung. Da er sich dazu von der Eisenbahn entfernen mußte und die Gegend vollständig ausfouragirt war, so gab er der Armee mehrere Tage Ruhe und ließ sie per Bahn von Chattanooga aus verproviantiren. Während dessen war General Davis von Palmers Korps nach Rome, das nur eine kleine Besatzung hatte, geschickt, hatte es nach kurzem Gefecht genommen, 10 Geschütze, viele Lebensmittel vorgefunden und die dortigen Fabriken, Gießereien und Mühlen zerstört.

Am 22. waren alle Korps mit Lebensmitteln auf 20 Tage verproviantirt, die sie auf Proviantwagen mitführten. Am 23. standen alle 3 Armeen bei Dallas; Mac Pherson, der den Etowah wie Thomas auf einer Brücke überschritten, war über van Wert, Thomas im Centrum über Huntsville gekommen, Shofield am linken Flügel hatte eine Ponton-Brücke geschlagen. In Rome und Kingston hatte Sherman, wie schon früher in Dalton und Resaca Garnisonen zurückgelassen.

Dallas liegt 15 miles südwestlich vom Allatoona-Paß und 18 miles westlich von Marietta. Dieses bedrohend, hoffte Sherman die Räumung der starken Stellung am Allatoona-Paß zu erzwingen. Das Terrain vom Etowah bis Dallas und von dort nach Marietta ist dicht bewaldet, nur wenige über steile Höhen führende, von tiefen Ravins durchschnittene schmale Wege sind zu benutzen. Alles begünstigt die Defensive, und die Armee konnte nur sehr langsam und vorsichtig vorschreiten.

Kaum hatte Johnston Nachricht von Shermans Umgehung erhalten, als er Allatoona verließ und auf kürzerem Wege zum Schutze Mariettas und der Kenesaw-Stellung gegen Dallas vorging, und die vorbereitete Stellung bei New Hope Church, wo sich die Straßen nach Ackworth, Marietta, Dallas schneiden, bezog. Am 25. stieß Hookers Korps auf die Korps von Hood und Hardee, griff sie an, wurde aber mit Verlust zurückgeworfen. Die Nacht und Regenstürme unterbrachen das Gefecht; die Stellung war in den Händen der Konföderirten geblieben. In den folgenden Tagen ging Mac Pherson näher an Dallas heran, um vom Süden aus New Hope Church zu bedrohen, Thomas griff von Westen aus an, wurde aber am 1. Juni zurückgeschlagen, und Shofield suchte nun den rechten Flügel zu umgehen und sich soweit nach links zu schieben, daß er die Straßen nach Ackworth und Allatoona erreichte. Ein Theil der Cumberland-Armee folgte seiner Bewegung, so daß Johnston vom Allatoona-Paß abgeschnitten war, und wenn er die Stellung bei New Hope Church länger festhielt, die Unions-Armee in seinem Rücken Marietta erreichen konnte. Stoneman war mit der Kavallerie nach dem schwach besetzten Allatoona-Paß geschickt, hatte sich seiner nach leichtem Gefechte bemächtigt und die Etowah-Brücke wieder herstellen lassen.

In der Nacht zum 2. Juli verließ Johnston New-Hope-Church und ging nach dem Kenesaw und Marietta zurück.

Sherman ging mit der Armee nach Ackworth, verstärkte und verproviantirte Allatoona, das ihm von nun als Hauptstützpunkt dienen sollte.

Im Monat Mai hatte Sherman Johnston gegen 100 miles zurückgedrängt, ihn gezwungen, die festen Positionen von Dalton, Resaca, Allatoona und New-Hope-Church zu verlassen, hatte 2 Ströme überschritten, viel Material zerstört und mehrere glückliche Gefechte bestanden. Aber er hatte nicht unbedeutende Verluste erlitten, hatte Garnisonen in Rome, Kingston, Allatoona, Resaca, Dalton zurückgelassen, und Johnston, der mehrere Garnisonen an sich gezogen und durch Georgia-Miliz und mehrere Brigaden Kavallerie verstärkt war, stand ihm so stark wie am Beginn des Feldzuges in der festen Kenesaw-Stellung gegenüber. Dennoch konnte Johnston nicht die Umgehungs-Taktik Shermans anwenden. Dieser, Anfang Juni durch 2 Divisionen unter Blair verstärkt, war ihm noch um ein Drittel überlegen. Johnstons Truppen, namentlich die Georgia-Miliz, waren unerfahren, konnten zum Theil nur zu militairischen Arbeiten und zur Vertheidigung von Werken benutzt werden; an die Atlanta-Bahn war er aus Verpflegungs-Rücksichten unbedingt gebunden. Sherman,

2*

dessen Truppen meist Veteranen der Mississippi-Armee waren, konnte bei seiner numerischen Ueberlegenheit Johnston durch eine ihm gleiche Armee in der Front festhalten und mit dem anderen Theil ihn umgehen. Warum Wheeler in dieser Periode des Feldzuges bei seiner Stärke an Kavallerie nicht versucht hat, Shermans rückwärtige Verbindung, die Bahn nach Chattanooga, zu durchschneiden, ist nicht aufgeklärt.

Im Juni führte Rousseau Sherman 2000 Pferde zu. Er war vom südlichen Tenessee aus durch Alabama gegen Opelika vorgegangen und hatte die dortige Eisenbahn zerstört, um es Johnston unmöglich zu machen, Verstärkungen aus Alabama und Mississippi an sich zu ziehen.

Am 9. Juni, nach dreitägiger Rast und der nöthigen Verproviantirung, ging die Unionsarmee nach Big-Shanty, südlich von Ackworth, an der Straße nach Marietta. Das Terrain von Big-Shanty nach Marietta ist gebirgig und von großer defensiver Stärke. Das Kenesaw-Gebirge besteht aus 3 getrennten Bergrücken, die aus der Ebene aufsteigen. Westlich Lost-Mountain, dann Kenesaw-Mountain, welches ein Einschnitt, durch den die Straße führt, in Little- und Great-Kenesaw trennt. Kenesaw-Mountain erhebt sich etwa 1200 Fuß über die Ebene, die anderen Berge dominirend. Nördlich des von West nach Ost streichenden Bergrückens, als Spitze des Dreiecks, liegt Pine-Mountain.

Die Bahn von Allatoona nach Marietta geht unmittelbar am Fuß des östlichen Abhanges des Kenesaw vorbei, und wird von hier aus vollständig beherrscht. Die ganze Gegend war durchschnitten durch hintereinander liegende Reihen von Verhauen, Schützengräben und spanischen Reitern, bestrichen durch wohl angelegte Batterien. Am rechten Flügel stand Hardees Korps, im Centrum Polk, am linken Flügel Hood. Sherman verschob die Anordnung seiner Korps, nahm den doppelt so starken Mac Pherson an den linken Flügel, der gegen Marietta vordrang, Shofield, der Lost-Mountain angriff, an den rechten Flügel, während Thomas im Centrum Pine-Mountain und dem Kenesaw gegenüberstand. Die Kavallerie unter Stoneman und Mac Cook stand auf beiden Flügeln und zur Rückendeckung.

Shermans Absicht war zunächst, die Linie zwischen dem Pine-Mountain und Kenesaw zu durchbrechen; vom 9. bis 13. wurde allmählich herangerückt, im Laufe des 14. der General Polk, der die konföderirten Truppen auf Pine-Mountain kommandirte, durch eine

Granate getödtet und in der Nacht zum 15. räumten die Konföderirten, die sich von allen Seiten umfaßt sahen, ohne Gefecht den Berg. Die Truppen zogen sich nach der etwa 1 mile entfernten Verschanzung zwischen Kenesaw und Lost-Mountain zurück. Am 15. nahm Shofield am rechten Flügel die erste Linie der Werke am Lost-Mountain. In den folgenden Tagen wurde der rechte Flügel der Unionsarmee bis an die Straße von Dallas nach Marietta herangeschoben, und Johnstons linke Flanke bedroht. Unter hartnäckigem Schützengefecht zog er seine Flügel zurück, lehnte den linken an den Kenesaw, den rechten an den Rose-Creek, um die Eisenbahn nach dem Chattahoochee zu decken. Das Centrum stand auf dem Kenesaw bis gegen Marietta. Am 19. wurde Lost-Mountain und die Reihe von Werken, die es mit dem Kenesaw verbinden, geräumt und von den Unionstruppen besetzt. In den folgenden Tagen machten Regenstürme größere Operationen unmöglich, am 22. machte der Feind einen kräftigen Ausfall gegen Hookers Korps, wurde aber zurückgeworfen.

Shermans Front, die von der Eisenbahn bis zu dem Wege nach Ackworth reichte, war zu ausgedehnt, um ihm bedeutende Flankenbewegungen zu gestatten, er begnügte sich, den rechten Flügel seiner Armee zu verlängern, um so Johnston zu einer Schwächung seines Centrums zu verleiten. In seinem offiziellen Rapport sagt er: „Ich hatte die Wahl, die Linien in der Front anzugreifen oder zu umgehen. Jeder erwartete eine Umgehung, in meiner Armee hatte sich die Meinung verbreitet, daß ich verschanzte Stellungen überhaupt nicht angriffe. Aber eine gute Armee muß nicht an eine Art der Operationen gebunden sein, sondern jede ausführen können, die nützlich erscheint. Daher, um das moralische Element zu heben, entschloß ich mich, den Feind hinter seinen Brustwehren anzugreifen."

Der 27. Juni wurde zur Ausführung des Sturms gewählt, das linke Centrum Johnstons, die Rückzugslinie nach Marietta schien der geeignete Angriffspunkt. Gleichzeitig sollte Mac Pherson am linken Flügel den Kenesaw angreifen. Das 17. Korps (Blair) ging gegen die östliche Spitze des Kenesaw vor, während das 15. und 16. Korps (Logan und Dodge) die Mitte des Kenesaw und das Thal, das beide Hälften trennt, angriffen. 3 Brigaden des 15. Korps erstürmten die erste Reihe der Schützengräben, drangen weiter bis an eine 30 Fuß hohe senkrechte Felsenklippe, die durch Infanterie- und Artilleriefeuer vertheidigt wurde. Unfähig, sie zu ersteigen, gingen sie unter großen Verlusten einige 100 Schritt zurück, und warfen

Verschanzungen auf. Bei dem Angriff waren 3000 Mann getödtet und verwundet, darunter 2 Generale, einer geblieben, der andere verwundet, während die Konföderirten, hinter Deckungen kämpfend, geringe Verluste erlitten hatten. Sherman hatte gehofft, Johnston zu täuschen und ihn durch die angedeutete Umgehung seines rechten Flügels zu einer Schwächung seines Centrums zu veranlassen. Aber Johnston hatte von der Höhe des Kenesaw alle Bewegungen Shermans genau übersehen können.

In seinem Bericht an den Kriegsminister giebt Sherman die oben angeführten Motive für seinen Angriff an und fügt hinzu: „Mich allein trifft die Schuld für das Mißlingen der Unternehmung." Er beschloß nun, Johnstons linken Flügel zu umgehen, zog Mac Pherson vom linken nach dem rechten Flügel seines Heeres, verlängerte diesen allmählich, so daß Mac Pherson bis an den Nickajack-Creek bringen konnte.

Nun erschien Johnston seine Rückzugs- und Verpflegungslinie gefährdet, er räumte am 2. Juli die Kenesaw- und Marietta-Stellung, die er 3 Wochen lang tapfer vertheidigt hatte, und stellte sich südlich von Smyrna, halbwegs nach Atlanta, à cheval der Eisenbahn und Landstraße auf, die Flügel an den Nickajack und Nottenwood-Creek angelehnt. Sherman schien an seinem rechten Flügel Vorbereitungen zum Uebergang treffen zu wollen, schickte aber Stoneman und einen Theil von Mac Phersons Corps nach Roßwell und ließ da eine Brücke über den Chattahoochee schlagen, Shofield sollte bei der Mündung des Soap-Creek auf Pontons übergehen.

Sobald Johnston Nachricht von der Vollendung der Brücken bei Roßwell erhielt, räumte er seine am rechten Flügel umgangene Stellung bei Smyrna und ging am 9., nachdem er die große Chattahoochee-Eisenbahn zerstört, ohne den schon früher erbauten Brückenkopf zu benutzen, nach Atlanta zurück. Shermann verstärkte die Brücken bei Roßwell und Turners-Ferry, ließ durch Oberst Wright die 90 Fuß hohe, 600 Fuß lange Eisenbahnbrücke in wenigen Tagen wieder herstellen, zog Lebensmittel aus Chattanooga an sich, und stand mit der ganzen Armee am 17. Juli, zu neuen Operationen bereit, am rechten Ufer des Chattahoochee. Daß Johnston den starken Brückenkopf wie die mit vieler Mühe erbauten Befestigungen von Atlanta und Resaca dem Feinde überlassen hatte, erregte in Atlanta wie in Richmond viel Unruhe und Mißvergnügen. Johnstons Rückzugstaktik wurde getadelt und man bedachte nicht, daß er 2 Monate lang den fast doppelt so starken Gegner von Atlanta fern gehalten und ihm jetzt noch mit einer schlagfähigen Armee gegenüberstand. Aber die Politiker in Richmond forderten, daß die Fabius-Cunctator-Strategie ein Ende haben solle. Johnston wurde abberufen und an seiner Stelle dem ungestümen, immer offensiven Hood das Kommando übergeben. Dieser, der in einem früheren Feldzuge bereits ein Bein verloren, war bei den Soldaten besonders beliebt und man hoffte durch den Einfluß seiner Persönlichkeit das allerdings erschütterte Selbstvertrauen der Armee wieder zu beleben.

In den bisherigen Kämpfen hatte Sherman 17—18,000 Mann verloren, aber Blair hatte ihm 12,000 Mann zugeführt, viele Leichtverwundete waren wieder zur Armee gekehrt, so daß er so stark vor Atlanta stand wie Anfang Mai vor Dalton. Johnston hatte 12 bis 13,000 Mann verloren, hatte aber seit der Verstärkung durch die Georgia-Miliz und mehrere Kavallerie-Brigaden vor Marietta keine Verstärkungen erhalten, und seine Truppen hatten durch Krankheiten gelitten. So hatte Hood wenig mehr als 45,000 Mann unter seinem Kommando, außer seiner überlegenen Kavallerie unter Wheeler.

Am linken Ufer des Peach-Tree-Creek, eines Baches mit sumpfigen Rändern, der in den Chattahoochee mündet, stand Hoods Armee, 4 miles vor Atlanta, zu dessen Besetzung mehrere Divisionen zurückgeblieben waren. Am rechten Ufer, nordöstlich von Atlanta stand die Unionsarmee, Thomas war von Buckhead, Shofield von Cross-Keyes, Mac Pherson von Roßwell gekommen, einzelne Divisionen hatten den sich vielfach krümmenden Bach schon überschritten. Seiner Natur und den erhaltenen Weisungen gemäß, ging Hood wenige Tage, nachdem er sein Kommando übernommen, zur Offensive über. Am 20., Nachmittags 4 Uhr, rückte er in starken Kolonnen, ohne Tirailleurs vorzunehmen, aus dem dichten Gehölz gegen die überraschte Division Geary von Hookers Korps und gegen Newtons Division vor und warf die Division Geary in Unordnung zurück. Aber Newtons Division hielt Stand, die bereits aufgeworfenen Brustwehren wurden von allen Truppen schnell besetzt und die Kolonnen der Konföderirten unter schwerem Verlust — 5000 Mann — zurückgeworfen. Der Verlust der Unionsarmee, der fast allein Hookers Korps betraf, betrug 1900 Mann. Aber Hood behauptete noch seine das Thal des Peach-Tree-Creek beherrschende Stellung, die freilich sehr weit ausgedehnt war und sich mit dem rechten Flügel östlich an die Georgia-Bahn, mit dem linken an Turners-Ferry lehnte. In der Nacht zum 22. nahm Leggets Division von der Tenessee-Armee unter schwerem Verlust eine Höhe am rechten Flügel der feindlichen Stellung, die diese und die zu ihr führenden Straßen beherrschte. Mac Pherson ließ auf ihr sogleich ein Geschützemplacement und Befestigungen anlegen.

Am 22. verließ Hood seine Außenstellung und ging scheinbar nach Atlanta zurück, zog aber Hardees Korps unter dem Schutze des dichten Gehölzes nach Süden, umging Mac Phersons Aufstellung und griff die Höhe, die Legget in der Nacht gewonnen, mit überlegenen Kräften an, während Wheeler das schwach besetzte Dekatur, wo die Depots der Armee lagen, angriff, und Hood in der Front gegen den Peach-Tree-Creek vorging. Mac Pherson hatte schon am Morgen zur Verstärkung und Verlängerung seines linken Flügels das 16. Korps nach den waldigen Höhen südlich der Georgia-Bahn gezogen; so konnten die stürmischen immer wiederholten Angriffe von Hardees Kolonnen durch das 15., 17. und 16. Korps zurückgewiesen werden.

Mac Pherson selbst war im Beginn des Gefechts, als er durch den Wald von einem Korps zum andern ritt, durch feindliche Tirailleure erschossen worden. Hoods Angriffe hatten keinen dauernden Erfolg, mehrere 20pfdge Parrot-Geschütze, die er erobert, wurden ihm wieder abgenommen und alle Versuche, die hinter Verhauen und Brustwehren stehenden Vertheidiger zurückzuwerfen, scheiterten. Mehrere Kolonnen von Hardee's Korps, am rechten Flügel, die zu weit vorgedrungen waren, wurden gefangen, und der gesammte Verlust der Konföderirten wird auf 6—7000 Mann angegeben. Die Unionsarmee hatte 3200 Mann verloren, noch mehr aber beklagte Sherman Mac Phersons Tod, den er der Regierung mit den Worten meldete: „Er war ein edler junger Mann, von glänzender persönlicher Erscheinung, von höchster militairischer Befähigung, von einem weichen, gütigen Herzen, das ihm die Liebe aller Menschen gewann." Hood zog sich, nachdem sein zweiter Offensivstoß mißlungen, nach den Werken, die Atlanta rings umgeben, zurück. Sherman ließ die Georgia-Bahn (nach Augusta) von Dekatur ab durch Garrards Kavallerie-Division gründlich zerstören, es gelang Stoneman nicht, die Macon- und Montgomery-Bahn dauernd unfahrbar zu machen, er stieß auf überlegene feindliche Abtheilungen, mußte sich zurückziehen und die geringen Beschädigungen wurden schnell wieder hergestellt. Sherman erkannte, daß es ihm nicht möglich sein würde, auf diese Weise Atlanta durch Zerstörung der südlichen Bahnen zu isoliren, die Tenessee-

Armee wurde vom linken etwas exponirten Flügel nach dem rechten gezogen und Atlanta statt wie bisher vom Nordosten von Nordwesten aus umfaßt. Die Armee, immer durch schnell aufgeworfene Werke gedeckt, sollte allmählich um Atlanta herum geschoben werden, um die Bahn, die nach East-Point führt, zu gewinnen. Am 28. machte Hood noch einen gewaltigen Ausfall auf Logans Korps, das am rechten Flügel bei Ezra-Church stand. Die hinter rail piles (eine Art Pallisaden) stehenden Vertheidiger wiesen 5 wiederholte Angriffe, bei denen die Kolonnen bis dicht an die Linien drangen, zurück. Sherman hatte Davis Korps abgeschickt, um den Angriffs-Kolonnen in die linke Flanke zu kommen, aber, durch Terrainhindernisse aufgehalten, kam es zu spät. Von nun an gab Hood seine Offensivtaktik auf und beschränkte sich auf hartnäckige und einsichtige Vertheidigung seiner Werke. Sherman konnte es nicht wagen, Atlanta zu stürmen, und ließ von Chattanooga $4^{1}/_{2}$zöllige gezogene Belagerungsgeschütze kommen, die am 10. August eintrafen. Vorher hatte er noch einen Versuch gemacht, die Macon- und Montgomery-Bahnen durch Kavallerie zerstören zu lassen. Stoneman sollte vom linken Flügel aus, Mac Cook vom rechten aus, im weiten Bogen Atlanta südöstlich und südwestlich umgehen. Beide sollten sich bei Lovejoy vereinigen, die feindliche Kavallerie zurückwerfen und die von East-Point sich abzweigenden Bahnen auf weite Strecken für lange Zeit unfahrbar machen. Auf Stonemans Bitte gestattete Sherman ihm, bis Andersonville vorzugehen, um die dortigen, grausam behandelten, Gefangenen der Unionsarmee zu befreien, wenn er vorher die feindliche Kavallerie zersprengt und die Bahnen zerstört habe.

Aber Stoneman wendete sich sofort nach Andersonville, traf auf überlegene Kavallerie, wich aus und wurde nun von Infanterie-Abtheilungen zurückgeworfen. Nur einem Theil seiner Kavallerie gelang es, sich durchzuschlagen, er selbst mit mehreren Brigaden wurde gefangen genommen. Mac Cook hatte ihn indessen bei Lovejoy, dem angegebenen Vereinigungspunkte Beider, erwartet, da aber Wheeler in der Nähe war, zog er sich schnell zurück und traf bei Atlanta wieder ein, ohne große Verluste erlitten und ohne seinen Auftrag ausgeführt zu haben.

Stoneman scheint hier das Urtheil bewährt zu haben, das Hooker nach der Schlacht bei Chancellorsville über ihn fällte, als er an Lincoln schrieb: „Je eher Stoneman abberufen wird, je besser für die Kavallerie". So war Sherman gezwungen, das weit ausgedehnte

Atlanta zu belagern, ohne es doch isoliren zu können. Alle Versuche, die nach Süden führenden Bahnen durch Kavallerie zu zerstören, waren gescheitert. Wheeler war, nachdem Stonemans Brigaden großentheils gefangen waren, noch überlegener, und Sherman konnte es bei der ohnehin sehr ausgedehnten Stellung, da er die Verbindung mit der Eisenbahn und der Chattahoochee-Brücke nicht aufgeben durfte, nicht wagen, seine Armee zu theilen, und während er vor Atlanta stehen blieb, mehrere Korps nach East-Point zu dirigiren.

Da erhielt er die bestimmte Nachricht, daß Wheeler mit der gesammten Kavallerie nach dem Norden aufgebrochen sei, um die Bahn nach Chattanooga und wo möglich bis nach Nashville zu zerstören, um Shermans Armee so die Hauptzufuhrlinie zu durchschneiden. Dieser entschloß sich, die Belagerung aufzuheben, um seine gesammte Kraft, wie er an Halleck schreibt, statt gegen die Verschanzungen, gegen die Verbindungen zu richten. Im Norden Atlantas sollte nur das 20. Korps (Slocum) stehen bleiben, um die Eisenbahn und die Brücke über den Chattahoochee zu sichern, zum Schein wurde noch sappirt und eine Batterie bombardirte Atlanta, die Armee wurde aber vom rechten Flügel ab nach Süden gezogen. Am 18. schickte Sherman den von seiner Verwundung genesenen Kilpatrik, als letzten Versuch, mit der Kavallerie nach Fairburn, um der Nothwendigkeit überhoben zu sein, die Belagerung aufzuheben, aber Kilpatrik traf überall auf Infanterie-Abtheilungen und kehrte am 22. zurück, ohne die Bahnen wesentlich beschädigt zu haben. Hood hatte seine Werke im Laufe des August bis fast an den Eisenbahnknoten East-Point, südöstlich von Atlanta, verlängert, im weiten Bogen mußte die Armee der Konföderirten umgangen werden. Am 25. August marschirten die Tenessee- und Cumberland-Armee mit Proviant auf 15 Tage ab, Shofield folgte am 26. Howard war zum Oberbefehlshaber der Tenessee-Armee ernannt, wodurch Hooker und Palmer sich gekränkt fühlten und auf ihren Wunsch abberufen wurden. Hood scheint im Zweifel über die Absichten Shermans gewesen zu sein, er schickte nur Hardee mit einem Korps zum Schutze der Bahnen nach East-Point; in Richmond glaubte man, Sherman sei aus Mangel an Verpflegung gezwungen, die Belagerung aufzuheben, und die Zeitungen jubelten „The great outflanker is outflanked". Hardee wurde von Howard nach dem befestigten Lovejoy zurückgeworfen und die Bahnstrecke von Fairburn nach Red-Oaks vernichtet, die Schienen wurden geglüht und verbreht, die Schwellen verbrannt, die Roste, auf denen sie ruhten, ausgerissen und ebenfalls verbrannt, selbst der Bahnkörper theilweise zerstört. Hood schickte, als er sich von dem Abmarsche des größten Theils der Unionsarmee überzeugt, Lee mit dem Korps, das er bis zum 17. Juni kommandirt hatte, nach Lovejoy, und blieb mit dem 3. unter Stewart in Atlanta. Während am 27. die Tenessee- und Cumberland-Armee die Verschanzungen von Jonesborough angriffen und Hardee und Lee am 31. nach Lovejoy zurückwarfen, war Shofield mit der Ohio-Armee am linken Flügel bis an die Macon-Bahn gedrungen, hatte diese zerstört südlich von Rough and Ready, und stand nun mit einem Theil der Armee des Centrums zwischen Atlanta und dem größeren Theil der Armee der Konföderirten. Da Atlanta nach der Zerstörung der Bahnen nicht dauernd zu halten war, Hood auch fürchten mußte, vom größten Theil seines Heeres getrennt zu werden, so entschloß er sich, Atlanta zu räumen und nach Mac Donough zurückzugehen, um sich von da aus mit den Korps von Hardee und Lee zu vereinigen. In der Nacht zum 1. Septbr. verbrannte er alle Lokomotiven und die Vorräthe, die er nicht mitführen konnte, sprengte den Centralbahnhof und mehrere Fabriken und verließ Atlanta gegen Morgen. Slocum, der den Donner der Explosion gehört und mächtige Feuersäulen gesehen, schickte die Division Ward gegen Atlanta vor, die es am Morgen des 1. besetzte, 3000 meist Verwundete gefangen nahm und 27 schwere Geschütze vorfand. Am 3. trafen die Heere von Hardee, Lee und Hood zwischen Mac Donough und Lovejoy zusammen. Sherman hatte am 2. die Nachricht von der Räumung Atlantas erhalten, er fand das vereinigte Heer der Konföderirten am 4. stark verschanzt bei Lovejoy, und entschloß sich, nach Atlanta zurückzukehren, da sein Vorrath an Lebensmitteln in wenigen Tagen erschöpft war und Atlanta als Stützpunkt für seine ferneren Operationen vorbereitet werden mußte. Wenn Hood sich mit seiner sehr geschmolzenen Armee nach Alabama wendete und nirgends Stand hielt, konnte Sherman von dem Ziel des Feldzuges und dem Zusammenwirken mit Grants Hauptarmee abgelenkt werden. Am 8. September stand Slocums Korps in Atlanta, die Cumberland-Armee um Atlanta, die Tenessee-Armee bei East-Point, die Ohio-Armee bei Decatur.

Der gesammte Verlust der Unions-Armee in den Kämpfen vor Atlanta, den unglücklichen Raids der Kavallerie und den Kämpfen bei Jonesborough betrug 30,000 Mann; die Konföderirten hatten gegen 42,000 Mann verloren, am meisten bei den Offensivstößen Hoods am 20., 22. und 28. Juli. Wheelers Operation, die den Verlust von Atlanta zur Folge hatte, war ziemlich erfolglos gewesen. Bei Adairsville hatte er 900 Stück Vieh gefangen, die Schienen der Bahnen bei Allatoona, Resaca und an anderen Orten zerstört, war dann bis Ost-Tenessee gedrungen, ohne erheblichen Schaden zu thun, und war am 10. September über den Chattahoochee gegangen und zu Hoods Armee zurückgekehrt.

Lincoln hatte am 2. telegraphisch die Nachricht von der Räumung Atlanta's erhalten und am 5. erwidert, mithin war die Telegraphen-Verbindung nach Chattanooga schon damals hergestellt.

Am 8. September erließ Sherman von Atlanta aus den folgenden Befehl:

„Die Offiziere und Soldaten der Cumberland-, Ohio- und Tenessee-Armee haben den Dank der Nation, ausgesprochen durch den Präsidenten und Oberfeldherrn, bereits erhalten, aber ich, der ich vom Beginn des Feldzuges mit Euch war und immer bei Euch zu bleiben hoffe, muß Euch noch meinen Dank für die Pflichttreue, Einsicht und Tapferkeit sagen, die Ihr in der Campagne gegen Atlanta gezeigt.

Am 1. Mai lagen unsere Armeen scheinbar ruhig zwischen Knoxville und Huntsville, der Feind stolz und selbstvertrauend hinter seiner Felsen-Barriere bei Dalton; seit Weihnachten hatte er Zeit gehabt, sich von der Niederlage bei Missionary-ridge zu erholen, sich zu verstärken; an seiner Spitze stand ein neuer Führer, der keinem in der konföderirten Armee an Geschicklichkeit, Klugheit und Popularität nachsteht.

Mit einem Male wurden unsere Armeen voll Leben und Handlung und erschienen vor Dalton; Rocky Face (Buzzard roost) bedrohend, wendeten wir uns nach Resaca, und die Armee der Rebellen entkam nur durch die Schnelligkeit ihres Rückzuges und ihre größere Kenntniß aller Wege.

Dann faßte der Feind festen Fuß bei Allatoona, aber wir ließen ihm keine Ruhe; durch eine Umgehung über Dallas und eine spätere über Ackworth gewannen wir den Allatoona-Paß. Dann folgten die Schlachten am Kenesaw-Gebirge und der Rückzug des Feindes über den Chattahoochee.

Der Uebergang über den Chattahoochee und die Zerstörung der Augusta-Bahn wurden vortrefflich ausgeführt und werden als Muster in der Kriegsgeschichte studirt werden. Nun wurden unsere Gegner ihres alten und geschickten Feldherrn müde und wählten einen anderen, schnelleren und kühneren. Eine neue Taktik wurde angenommen. Schnell und kühn griff Hood am 20. unseren rechten Flügel am Peach-Tree an und wurde zurückgeworfen. Am 22. warf er sich auf den linken Flügel und erlitt empfindlichen Verlust; am 27. griff er abermals den rechten an, aber nun schien er belehrt und blieb von da ab in der Defensive. Langsam und allmählich zogen wir unsere Linien um Atlanta in der Richtung auf die Eisenbahnen, durch die sich der Feind verpflegt und die Atlanta seine Bedeutung geben.

Wir müssen gestehen, daß der Feind uns geschickt und ausdauernd gegenübertrat, zuletzt beging er den lange erwarteten Fehler und sandte die Kavallerie in unseren Rücken, viel zu weit, um zurückgerufen werden zu können.

Sogleich war unsere Kavallerie an der einzigen Bahn, die ihm noch geblieben (Atlanta-Montgomery), wir folgten schnell mit der Haupt-Armee und Atlanta fiel in unsere Hände als die Frucht wohlberechneter Maßregeln, ausgeführt durch die vertrauende und tapfere Armee.

So wurde die große Aufgabe erfüllt, die unsere Regierung uns gestellt, und Euer General wiederholt Euch seinen besonderen Dank für Euren unbeugsamen Muth und Eure Ausdauer, die allein den Erfolg herbeiführten.

Wir haben den Feind in jeder Stellung, die er wählte, geschlagen, haben ihm das Thor des Südens entrissen, wo er seine Gießereien, Arsenale und Werkstätten errichtet hatte, scheinbar gesichert durch ihre Entfernung von unserer Basis und durch unnehmbare Terrainhindernisse. Nichts aber ist einer solchen Armee unmöglich, welche entschlossen ist, eine Regierung zu rächen, deren Recht so weit geht, als einst ihre Banner wehten, und die entschlossen ist, es überall und um jeden Preis aufrecht zu erhalten.

In unserer Campagne haben Viele, sehr Viele von uns unser gemeinsames Ziel, das Grab, erreicht, aber sie haben das Gedächtniß an Thaten zurückgelassen, die Bausteine einer stolzen Geschichte unseres Volkes sein werden. Mac Pherson, Mac Cook und andere, die uns Allen theuer sind, werden feste, bindende Glieder für die Ueberlebenden sein, und die nur enger aneinander schließen, welche noch eine im Dunkel der Zukunft liegende Aufgabe zu erfüllen haben.

Ich fordere Euch auf, in der Pflege der kriegerischen Tugenden fortzufahren, die Euer Vaterland wie andere Länder veredeln. Muth,

Geduld, Gehorsam den Gesetzen unseres Landes und den Behörden unserer Regierung, Treue Euren Eiden, gute Freundschaft untereinander — Jeder suche den Andern in solchen Eigenschaften zu übertreffen, und es bedarf keiner Propheten, um vorherzusagen, daß unser Vaterland aus diesem Kriege, geläutert durch seine Schrecken, hervorgehen wird, würdig seines großen Gründers Washington."

Hier spricht Sherman deutlich aus, daß allein die fehlerhafte Entsendung Wheelers mit seiner überlegenen Kavallerie es ihm möglich gemacht habe, mit seiner Armee an die südlich Atlanta gelegenen Bahnen zu bringen. Während des September gab er den Truppen Ruhe in und um Atlanta, verstärkte die Befestigungen und beschränkte ihre weite Ausdehnung, ergänzte sein Heer und ließ große Vorräthe per Eisenbahn nach dem Waffenplatz führen, der der Stützpunkt seiner ferneren Operationen zu werden bestimmt war. Da der Ort nur militairischen Zwecken dienen sollte, forderte er, daß alle Einwohner, deren die Militair-Verwaltung nicht bedurfte, ihn räumen sollten. Am 5. September hatte der Kommandant folgende General-Ordre erlassen:

„Alle in Atlanta lebenden Familien, deren männliche Mitglieder im Dienste der Konföderirten sind, oder nach Süden gegangen sind, sollen innerhalb fünf Tagen Atlanta verlassen. Sie werden durch die Linien nach dem Süden gelassen werden. Alle Bürger aus dem Norden, die nicht zur Armee gehören, oder Erlaubniß von den Generalen Sherman oder Thomas haben, sollen in derselben Frist die Stadt verlassen; wer nachher in der Stadt gefunden wird, kommt ins Gefängniß.

Cogswell, Kommandant."

Dem General Hood wurde ein 10 tägiger Waffenstillstand vorgeschlagen, um unbehindert die Bewohner von Atlanta nach dem Süden bringen zu können.

Hood antwortete:

„General! Euren gestrigen Brief, überbracht durch die Bürger Boll und Crew, habe ich erhalten. Ihr sagt darin: „Es liegt im Interesse der Union, daß die Bürger von Atlanta es verlassen." Mir steht keine Wahl frei, daher nehme ich den Vorschlag eines 10 tägigen Waffenstillstandes an, und will die Fortschaffung der Bürger Atlantas nach dem Süden möglichst befördern. Und nun sei mir erlaubt zu sagen, daß diese Maßregel, die noch keinen Vorgang gefunden, an ausgesuchter und berechneter Grausamkeit Alles über-

trifft, was die düstere Geschichte aller Kriege zeigt. Im Namen Gottes und der Humanität protestire ich dagegen, daß Sie die Weiber und Kinder eines braven Volkes von ihren Häusern und Heerden vertreiben.
Very respectfully your obedient servant
Hood."

Sherman's Antwort wie sein späterer Brief an den Mayor von Atlanta sind so bezeichnend für ihn, und die Ansichten der Führer des Heeres über die Veranlassung und das Ziel des Krieges, wie über die nothwendige Art und Weise der Kriegführung, daß sie hier in wörtlicher Uebersetzung mitgetheilt werden:

„General! Ich habe die Ehre gehabt, Ihre Mittheilungen zu erhalten, ich übersende anliegend eine Kopie meiner die Räumung betreffenden Ordres. Sie nennen meine Maßregel eine „unerhörte" und suchen in der dunkeln Geschichte der Kriege nach einer Handlung, die dieser an berechneter Grausamkeit gleiche. Aber diese Maßregel ist nicht ohne Vorgang; weise und zweckmäßig hat General Johnston angeordnet, daß alle Familien südlich von Dalton die Orte an der Kriegsstraße räumen sollten und es ist kein Grund, Atlanta davon auszunehmen. Sie selbst haben die Häuser längs und außerhalb Ihrer Verschanzungen verbrannt, und ich habe noch heute 50 zerstörte, von ihren Bewohnern verlassene Häuser gesehen, die Ihren Forts und den Bewegungen der Truppen im Wege lagen. Sie haben Atlanta von einer so eng um den Ort gezogenen Befestigungslinie vertheidigt, daß jeder Kanonenschuß, manche Musketenkugel in die von Weibern und Kindern bewohnte Stadt reichte. General Hardee machte es in Jonesborough ebenso und Johnston in Jackson. Ich habe Ihnen keine herzlose Grausamkeit vorgeworfen, nur einige Beispiele aus einer großen Zahl angeführt, und ich fordere jeden ehrlichen Mann auf zu entscheiden, wer von uns mehr Herz für ein gutes Volk hat. Ich sage, es ist eine Wohlthat, Weiber und Kinder von dem Schauplatz des Krieges zu entfernen, und das „brave Volk" des Südens sollte davor zurückschrecken, seine Familien dem Schrecken der sogenannten barbarischen Kriegführung des Nordens auszusetzen.

Im Namen des gesunden Menschenverstandes fordere ich Sie auf, den Namen Gottes nicht in so blasphemischer Weise anzurufen. Ihr habt mitten im Frieden und Wohlstande die Nation zum Bürgerkriege — einem grausamen, düsteren Kriege — gebracht, Ihr zwangt uns zum Kampfe, Ihr nahmt unsere Forts und Arsenale weg, die von friedlichen Artillerie-Sergeanten bewacht waren, Ihr machtet die Garnisonen zu Gefangenen, die Euch gegen die Indianer beschützen sollten; lange ehe die Euch verhaßte Regierung Lincolns ein Wort gesprochen, zwangt Ihr Kentucky und Missouri, sich Euch anzuschließen, fälschtet Ihr das Votum von Louisiana, ließet unbewaffnete Schiffe plündern, vertriebt Tausende von unionistischen Familien, verbranntet ihre Häuser und erklärtet alle Schulden der Konföderirten an den Norden für nichtig. Erzählt solche Dinge den Seeleuten, aber nicht uns, die wir Alle das gesehen haben, und für den Frieden des Südens bereit sind soviel zu opfern, als der beste Südländer. Müssen wir Feinde sein, so laßt uns Männer sein, und solchen heuchlerischen Anrufungen Gottes und der Humanität fern bleiben. Gott wird seiner Zeit richten und entscheiden, ob es humaner ist zu fechten mit einer Stadt voller Weiber und Kinder im Rücken, oder sie rechtzeitig an sichere Plätze zu ihren eigenen Freunden zu bringen.

Very respectfully your obedient servant
Sherman."

Am 10. schlossen Hood und Sherman einen vom 12.—22. dauernden Waffenstillstand, innerhalb dessen die Familien, die Atlanta verlassen sollten, durch Wagen der Unions-Armee bis zur Eisenbahn-Station Rough-and-Ready gebracht werden sollten, um von da per Bahn weiter südlich befördert zu werden. Nach offiziellen Mittheilungen sind während des Waffenstillstandes 446 Familien, nämlich 705 Erwachsene, 860 Kinder, 476 Diener (Sklaven) nach dem Süden geschafft worden, für jede Familie 1651 Pfund an Gütern und Nahrung. Vorher richteten der Mayor von Atlanta und mehrere Stadträthe (councilmen) noch ein Bittschrift an Sherman, worin sie sich über die Härte der Maßregel beschwerten, die Zurücknahme des Befehls erbaten und das traurige Schicksal der Ausgewiesenen schilderten. „Was hat", schreiben sie, „das hülflose Volk von Atlanta gethan, um so von seinen Häusern in die Fremde getrieben zu werden, um dort von Almosen zu leben. Wir wissen nicht, wie viele Menschen gegenwärtig in Atlanta sind, aber Viele haben Lebensmittel auf Monate, manche auf längere Zeit. Daher beschwören wir Euch ernstlich und feierlich, die unselige Ordre zurückzunehmen oder zu modifiziren, und dem unglücklichen Volke zu erlauben, in seiner Heimath zu bleiben und sich dort der geringen Mittel zu erfreuen, die ihm geblieben."

Shermans Antwort an den Mayor von Atlanta — vom 12. September — lautet:

„Gentleman! Ich habe Euren Brief vom 11. d. M. und die Bitte um Zurücknahme meines Befehls erhalten. Ich habe ihn aufmerksam gelesen und glaube an alle von Euch angeführten Leiden, die die Folge seiner Ausführung sein werden. Und doch nehme ich ihn nicht zurück, denn hier handelt es sich nicht um die Humanität des einen Falles, sondern darum, künftigen Kämpfen vorzubeugen, woran Hunderte von Millionen guten Volkes außerhalb Atlantas das tiefste Interesse haben. Wir müssen Frieden haben, nicht nur in Atlanta, sondern in ganz Amerika. Daher müssen wir den Krieg beenden, der unser Vaterland zerreißt. Um den Krieg zu beenden, müssen wir die Armee der Rebellen vernichten, die sich gegen Gesetz und Konstitution aufgelehnt haben. Um sie zu vernichten, müssen wir an die Orte bringen, wo sie ihre Waffen und Werkzeuge schaffen und ihre Vorräthe anhäufen. Atlanta kann nicht zugleich militairischen Zwecken dienen und eine sichere Stätte für Familien sein. Da wird von jetzt ab kein Handel, keine Industrie, kein Ackerbau sein, bald wird Mangel entstehen und die Familien zwingen, fort zu ziehen. Warum nicht lieber jetzt gehen, wo alle Vorbereitungen getroffen sind und die Fortschaffung erleichtert wird, statt zu warten, bis das Feuer beider Armeen die Scenen des vergangenen Monats erneuert. Ich kann Euch meine nächsten Pläne nicht mittheilen, aber Ihr könnt nicht glauben, daß die Armee hier immer still liegen wird, und ich kann Euch sagen, daß meine Pläne Eure Entfernung nothwendig machen, die ich Euch jetzt auf jede Weise erleichtern will.

Ihr könnt den Krieg nicht mit schrecklicheren Namen bezeichnen, als ich es thun will. Krieg ist Grausamkeit, und die den Krieg über dies Land brachten, verdienen alle Flüche und Verwünschungen, die das Volk ausstoßen kann. Ich hatte bei der Entzündung dieses Krieges nicht die Hand im Spiele, aber ich will jedes Opfer zu seiner Beendigung bringen. Wir können nicht Frieden und Spaltung unseres Vaterlandes zugleich haben. Wenn die Union jetzt eine Secession gestattet, werden immer neue folgen, bis wir zum Schicksal Mexikos, dem ewigen Kriege, heranreifen. Die Union muß ihre Macht, wo sie es vermag, aufrecht erhalten, wo sie nachgiebt, ist ihre Autorität verloren, und ich weiß, daß dies nicht der Wille der Nation ist. Dieser Wille kleidet sich in mancherlei Formen, aber kommt allemal auf die Union zurück. Erkennt die Union, die Autorität der nationalen Regierung an, und dies Heer, das Eure Häuser, Aecker und Straßen zu Kriegszwecken gebraucht, soll Euer Beschützer werden gegen jede Gefahr. Ich weiß, daß wenige Einzelne nicht einem solchen Strome von Irrthum und Leidenschaft, wie er den Süden zur Empörung fortriß, widerstehen können, aber Ihr könnt uns die bezeichnen, die eine Regierung wünschen, und die, welche Krieg und Verwüstung vorziehen. Ihr mögt so leicht einen Gewittersturm beschwören, als die Lasten und den Druck des Krieges. Sie sind unvermeidlich, und der einzige Weg, sie bald zu beenden, ist das Zugeständniß, daß dieser Krieg aus Irrthum begann und aus Stolz fortgesetzt wurde. Wir bedürfen weder Eure Neger, noch Eure Pferde, noch Euer Land, aber wir wollen Gehorsam gegen die Gesetze der Union. Das wollen wir, und wenn das die Zerstörung Eures Eigenthums bedingt, können wir es nicht ändern. Ich wiederhole es, nach der Grundakte der Union haben die Vereinigten Staaten ein Anrecht auf Georgien, das sie nie fahren lassen werden; ferner hat der Süden den Krieg begonnen, Arsenale, Forts, Kassen, Steuerhäuser der Union vor Beginn des Krieges, vor Lincolns Installation, weggenommen, ehe er nur im Entferntesten provozirt war. Ich selbst sah in Missouri, Mississippi, Tenessee, Kentucky Hunderte, ja Tausende von Weibern und Kindern, die vor Euren Armeen und Streifschaaren flohen, hungrig und mit blutenden Füßen. In Memphis, Vicksburg und am Mississippi ernährten wir manche tausend Familien von Soldaten der Konföderirten, die wir nicht Hungers sterben lassen wollten. Nun, da der Krieg zu Euch kommt, fühlt Ihr ganz anders, Ihr verabscheut seine Schrecken, die Ihr nicht fühltet, als Ihr Wagenladungen voll Soldaten, Waffen und Munition nach Kentucky und Tenessee schicktet, um die Heimath eines guten Volkes zu zerstören, das nichts wünschte, als im Frieden unter der ererbten Regierung zu leben.

Aber das sind eitle Worte, ich bedarf des Friedens, und glaube, daß er nur durch Krieg und die Erhaltung der Union erreicht werden kann, und ich will den Krieg nur im Hinblick auf sein baldiges und völliges Ende führen. Und nun, theure Herren! wenn der Friede kommt, mögt Ihr Alles von mir fordern, dann will ich das letzte Stück trocknen Brodes mit Euch theilen und Euer Haus und Eure Familien gegen jede Gefahr schützen. Aber jetzt müßt Ihr gehen und die Alten und Schwachen mit Euch nehmen, sie ernähren und ihnen an ruhigeren Orten neue Hütten bauen, und sie dort pflegen, bis der Wahnsinn der Leidenschaften gekühlt ist und die Union und der Friede wieder über den alten Häusern von Atlanta ruhen. In haste your Sherman."

Während Sherman mit den Plänen und Vorbereitungen zum Wiederbeginn der Operationen beschäftigt war, fiel ihm eine Proklamation des Präsidenten Jefferson Davis in die Hände, die ihm die gegenwärtige Lage der Konföderation, die Stimmung des Heeres und Volkes in Georgien und den nächsten Feldzugsplan Hoods zeigte. Zuerst klagte Davis über den Mangel an Patriotismus; trotz der leidenschaftlichen Proklamation Beauregards*) und des Gouverneurs Brown waren nur wenige Milizen zur Armee geeilt, bei der Armee kamen täglich zahlreiche Desertionen vor. Hoods Armee zu verstärken hatte die Regierung keine Mittel, und da sie nicht wagen konnte, das Heer Sherman im offenen Kampfe gegenüber zu stellen, sollte ein indirekter Krieg geführt werden. Hood sollte die Bahn von Atlanta bis Chattanooga, wo möglich bis Nashville zerstören und sich dann nach Alabama wenden. Wenn Shermans Armee sich aus Mangel an Lebensmitteln gezwungen sähe nach der Küste oder nach Norden zu marschiren, sollte die ganze Bevölkerung sich erheben, alle Wege und Brücken zerstören, alle Lebensmittel fortschaffen, den Feind fortwährend beunruhigen und ihm das Schicksal bereiten, das Napoleons große Armee 1812 in Rußland erlitt. Mit dem Inhalt dieser Proklamation stimmten manche von Shermans früheren Beobachtungen überein, bei der Vertheidigung der Werke von Jonesborough und bei einzelnen Ausfällen hatten die Truppen nicht den Ungestüm und die Kühnheit gezeigt, wie bei Atlanta und Resaca, das moralische Element des Heeres war gebrochen, er durfte kaum hoffen, daß es ihm auf dem Schlachtfelde wieder gegenübertreten werde. Die Bevölkerung von Georgien zeigte nun, da die schwere Hand des Krieges auf ihr lag, Sympathien für die Union und ein bitteres Gefühl gegen die Urheber der Secession. Sherman schreibt an Halleck: „Oft werde ich über das nächste Ziel meiner Operationen befragt und mehrmals sind mir die Worte wiederholt: Gern wollen wir Alles

---

*) Beauregards Proklamation vom 17. September ruft die zahlreichen absenteers zur Armee zurück; wer innerhalb 30 Tage zurückkehre, solle amnestirt werden. „Der Ruf der Heimath und des Vaterlandes, von Weib und Kindern, von Ehre und Patriotismus rufen uns ins Feld. Wir wollen nicht, können nicht, dürfen nicht fehlen."

dulden was wir erlitten, wenn Ihr nur jetzt nach Süd-Carolina gehen wollt und es denen einträntet, die Alles verschuldet."

Wheelers mißlungener Raid sollte durch Hood in größerem Maße ausgeführt werden; schon zeigte sich der gewandte Guerilla-Führer Forrest im südlichen Tenessee und bedrohte die Bahn nach Nashville. Thomas wurde im September mit Verstärkungen zur Uebernahme des Kommandos nach Tenessee geschickt. Am 2. Oktober ging Hood westlich von Atlanta über den Chattahoochee, in der Richtung auf Dallas, von da wendete er sich nach der Eisenbahn, schickte von Ackworth aus den General French nach Allatoona, um den reich mit Lebensmitteln versehenen aber schwach besetzten Posten aufzuheben.

Sherman hielt Rome für Hoods nächstes Ziel und schickte General Corse mit Verstärkungen dahin. Da der angeschwollene Strom die Brücken weggerissen, ließ er 3 neue Pontonbrücken legen und überschritt mit der Cumberland-, Tenessee- und Ohio-Armee den Chattahoochee; Proviant auf 15 Tage wurde mitgeführt. Nur Slocum mit dem 20. Korps war in Atlanta zurückgelassen.

Während des Ueberganges erhielt er die Nachricht, daß sich Hood nach der Eisenbahn gewendet; er ließ durch Signaltelegraphen General Corse in Rome befehlen, so schnell als möglich mit Verstärkungen nach dem bedrohten Allatoona zu eilen; er selbst ging nach Marietta. Corse fuhr mit 900 Mann auf Wagen nach Allatoona und erreichte es früher als French, am 5. Oktober Morgens. Die Garnison war nur 1900 Mann stark und nur 6 Geschütze waren zur Vertheidigung der ausgedehnten Erdwerke da. Bald nach Corse kam French mit 7000 Mann und vielen Geschützen, und forderte die Garnison auf, zu kapituliren, um unnützes Blutvergießen zu vermeiden. Corse erwiderte: „Ich kapitulire nicht, Ihr könnt das unnütze Blutvergießen beginnen." Trotz tapferer Vertheidigung wurde die kleine Garnison von einem Werk zum andern getrieben, Corse selbst wurde schwer verwundet, aber Sherman, der bei Marietta angekommen war, signalisirte von der Höhe des Kenesaw: „Haltet aus, ich bin nahe", und die Nachricht gab den Vertheidigern neue Ausbauer. Die Annäherung des 4. Korps veranlaßte French, den Angriff Allatoonas aufzugeben und sich nach Norden zu ziehen. Die Werke von Allatoona waren zerstört, alle Geschütze demontirt, aber der reiche Proviant war gerettet. Die Bahnstrecke von Big-Shanty nach Allatoona stellte der unermüdliche Wright in wenigen Tagen wieder her. — Hood war bis Resaca gedrungen, forderte den Oberst

Weawer mit den Worten zur Kapitulation auf, daß bei Erstürmung der Stadt keine Gefangenen gemacht werden würden. Weawer erwiderte: „Ich bin etwas erstaunt über den Beisatz Eurer Aufforderung, aber ich glaube, ich kann die Stadt halten. Glaubt Ihr es nicht, so kommt und nehmt sie." Auch diese Antwort ist unterzeichnet „very respectfully your most obedient".

Kaltblütige Besonnenheit und Zähigkeit sind so gut Eigenthümlichkeiten des angloamerikanischen Charakters, als unermüdliche Thätigkeit, Unternehmungsgeist und Selbstvertrauen, und diese Züge, die wir in der Geschichte der Entwickelung der Nation wie in ihren großen Männern finden, sie begegnen uns auch in fast allen Persönlichkeiten, auch denen der gemeinen Soldaten. Resaca wurde nicht angegriffen, da Sherman gegen den Etowah vorrückte. Hood begnügte sich, die Bahnstrecke nach Dalton zu zerstören; der Oberst Johnston, der überrascht worden, übergab die Stadt Dalton, da Buzzard-Roost schon in Feindes Hand gefallen war. Hood ließ die Bahn bis Tunnel-Hill aufreißen, aber nichts durch Pulver sprengen, so daß die Zerstörung nur oberflächlich war. Da Sherman von Resaca aus nahte, ging Hood am 16. in Eilmärschen durch den Snake-Gap nach Lafayette, wendete sich dann südwestlich nach Gadsden am Coosa-River, wohin ihm Beauregard, der zum Kommandeur der Militair-Division des Westens ernannt war, Verstärkungen brachte. Hood war allen Gefechten ausgewichen, er hatte 7 miles Eisenbahn südlich Allatoona und 21 miles zwischen Resaca und Tunnel-Hill oberflächlich zerstört, die in kurzer Zeit wieder hergestellt wurden; am 28. ging ein Zug von Atlanta nach Chattanooga. Am 1. November drang Hood gegen Warrington am Tenessee vor. Da Sherman sah, daß Hood ihm nicht Stand halten wollte, er selbst ihn nicht erreichen konnte, so beschloß er, nach dem Süden zurückzukehren. Er ließ 2 Korps unter Shofield zu Thomas' Verstärkung zurück, um Nashville, Chattanooga und die Bahnen zu vertheidigen und Hood festzuhalten, ging mit dem 14., 15., 16., 17. Korps nach Gahnesville, dann, als er erfahren, daß sich Hood nach Norden gewendet, nach Rome und Kingston. Mitte Oktober hatte er den Plan gefaßt, Atlanta und die Bahnen in ganz Georgien zu zerstören, und statt einer erfolglosen Defensive oder Verfolgung des Feindes, gegen Milledgeville, Millen, Savannah oder gegen Charleston vorzubringen. Er schrieb damals an Grant:

„Bis wir Georgien wieder bevölkern können, ist es unnütz, es zu behaupten, aber die gänzliche Zerstörung seiner Straßen, seiner Gebäude, seiner Bevölkerung, seiner militairischen Hülfsquellen ist nothwendig. Der Versuch, seine Straßen zu behaupten, kostet uns monatlich 1000 Mann und gewährt uns keinen Vortheil. Ich kann den Marsch ausführen, and make Georgia howl."

Und später:

„Hood kann nach Kentucky und Teneſſee gehen, aber ich meine, er wird gezwungen sein mir zu folgen. Anstatt defensiv, werde ich offensiv sein; statt zu rathen, was er beabsichtigt, soll er meine Pläne errathen. Der Unterschied macht im Kriege 25 pCt. aus (nach der Schulsprache ist das der Vortheil der Initiative). Ich kann mich nach Savannah, Charleston oder der Mündung des Chattahoochee wenden. Ich ziehe es vor, durch Georgien, alles vernichtend, nach der See zu gehen.

Ich muß mehrere Alternativen haben, denn wenn ich auf eine Straße beschränkt bin, mag der Widerstand des Feindes meinen Marsch verzögern und Mangel an Lebensmitteln mag ausbrechen. Aber wenn ich Alternativen habe, die ich mir freizustellen bitte, kann ich eine so excentrische Bahn wählen, daß kein General das Objekt meiner Operationen errathen soll. Deßhalb, wenn Sie hören, daß ich abmarschirt bin, bestellen Sie Späher in Morris-Island, Ossabaw-Sound, Pensacola und Mobile-Bay. Ich werde irgendwo wieder zum Vorschein kommen und glauben Sie mir, ich kann Macon, Milledgeville, Augusta, Savannah nehmen und im Rücken von Charleston wieder auftauchen, so daß ich es aushungern kann. Diese Operation ist nicht rein militairisch und strategisch, aber sie wird die Schwäche des Südens zeigen."

Grant autorisirte ihn sofort zu der projektirten Unternehmung, sprach aber aus, daß er Savannah als Objekt den Vorzug gäbe und Dalton als nördliche Grenze für die Zerstörung der Bahn bestimme.

Eine Garnison in Atlanta zu lassen, wäre eine Schwächung der eigenen Kräfte gewesen, Sherman verbrannte seine Schiffe; eine Armee von 60,000 Mann konnte in Georgien bei stetem Vormarsch souragirend leben. Damit der Feind weder Atlanta besetzen noch die Bahn benutzen könne, wurden beide zerstört, nachdem in den ersten 10 Tagen des November noch alle Kranke, viel Material nach Chattanooga befördert war und Munition, Proviant und Rekonvaleszenten zurückgeschafft worden. Am 11. November Nachts kam der letzte Train von Chattanooga an; die Armee hatte Proviant auf 30 Tage, und unmittelbar nachher begann die Zerstörung der Bahnen und

Brücken. Anfang November waren die Korps aus Rome und Kingston, dem bisherigen Hauptquartier, nach Atlanta gezogen; am 11. telegraphirte Sherman nach Washington: „All is well", ließ den Telegraphen vernichten und bis Mitte Dezember blieb man in Washington ohne Nachrichten von der Armee in Georgien.

Sherman theilte seine Armee in 2 Flügel und 4 Korps; die beiden Divisionen des 16. Korps wurden dem 15. und 17. Korps zugewiesen; sie bestand nun aus:

dem 14. Korps (Jefferson Davis) } linker Flügel Slocum.
„ 20. „ (Williams)
„ 15. „ (Osterhaus) } rechter Flügel Howard.
„ 17. „ (Blair)

Jedem Korps war eine Brigade Artillerie und jedem Flügel ein Pontontrain zugewiesen; außerdem hatte jedes Korps seinen Train und eine Pionierabtheilung. 2 Divisionen Kavallerie und 2 reitende Batterien führte Kil Patrik. Die Gesammtstärke des Heeres betrug etwa 55,000 Mann.

Am 9. November wurde folgender Armeebefehl erlassen: „Die Armee wird in 2 Flügel getheilt, der rechte (15. und 17. Korps) unter Howard, der linke (14. und 20. Korps) unter Slocum. Die gewöhnliche Marschordnung ist in 4 parallelen Kolonnen, allgemeine Trains werden nicht eingerichtet. Jedes Korps hat seinen Munitions- und Lebensmittel-Train, — hinter jedem Regiment (Bataillon) ein Wagen und eine Ambulance; ist Gefahr nahe, so ändert sich das, der Train in der Mitte, Avant- und Arrieregarde ohne Wagen. Um 7 Uhr Morgens wird täglich aufgebrochen und täglich werden 15 miles gemacht.

Die Armee soll durch Fouragiren leben. Jede Brigade soll unter geeigneten Offizieren Fourage-Kommandos organisiren, die dafür sorgen müssen, daß die Wagen immer für 10 Tage Portionen, für 3 Tage Rationen haben. Die Soldaten dürfen nicht die Wohnungen der Einwohner betreten, noch irgend einen Exceß begehen, beim Halt auf dem Marsch und Bivouak dürfen sie dicht an der Straße Kartoffeln und Turnips sammeln. Lebensmittel aus größerer Entfernung beizutreiben, ist Sache der Fouragepartien.

Die Korpskommandanten haben das Recht Mühlen, Häuser, Cottongins ꝛc. zerstören zu lassen; als Prinzip gilt: wo der Marsch der Armee nicht behindert wird, soll keine Zerstörung stattfinden, wo die Brücken zerstört sind, die Wege ruinirt, wo Guerillas uns belästigen, soll die Zerstörung nach Maßgabe der Feindseligkeiten eintreten.

Pferde, Maulesel, Wagen dürfen nach Bedarf requirirt werden, immer unterscheide man zwischen den feindlichen Reichen und dem neutralen, meist fleißigen und friedlichen Armen. Die Fouragir-Abtheilungen müssen den Abgang der Armee an Pferden ergänzen, dürfen aber keine Excesse begehen, Drohungen ausstoßen ꝛc., müssen auch jeder Familie wo möglich das zu ihrer Existenz Nothwendige belassen. Neger, die nützlich werden können, dürfen mitgeführt werden, aber die Menge der vorhandenen Lebensmittel muß berücksichtigt werden, denn die Hauptsache sind die bewaffneten Soldaten.

Jedes Korps soll ein Pionierbataillon organisiren, das der Avantgarde folgt, die Straßen reparirt und an einzelnen Stellen verbreitert; Colonel Poe, chief engineer, soll jedem Flügel der Armee einen ausgerüsteten Pontontrain zur Verfügung stellen."

Sherman.

Slocum hatte am 7. November befohlen:

„Während des Marsches soll jeder Soldat 2 Portionen gesalzenen Fleisches im Tornister tragen, für 2 Tage hart Brot, 10 Tage Kaffee und Salz, 5 Tage Zucker. Jeder Infanterist 60 Patronen. Diese Portionen und die Munition müssen möglichst geschont werden, da erwartet wird, daß uns das Land mit Lebensmitteln versorgt. (Die Regel bei Unionstruppen war auf anderen Kriegstheatern Magazin-Verpflegung.) Plünderung ꝛc. wird aufs Strengste bestraft. Auf jedem Marsche soll jede Brigade eine Arrieregarde bilden, um alle Maroden (Stragglers) zu arretiren; die schaden der Diszplin, der Ehre des Korps und gefährden die Sicherheit jedes Einzelnen."

Am 11. ging Kil Patrik mit der Kavallerie über Jonesborough und Lovejoy gegen Macon vor, um Wheeler glauben zu machen, Macon sei das Ziel der Operationen. Sherman suchte fortwährend den Feind über die Richtung seines Marsches zu täuschen, er wollte keine unfruchtbaren Siege erfechten, sondern so schnell und so stark als möglich Savannah erreichen, sich mit der Flotte in Verbindung setzen und nach dem Fall von Savannah, Charleston, Wilmington, durch Nord-Carolina nach Süd-Virginien bringen. Slocum ging längst der Augusta-Bahn vor, und zerstörte sie bis Madison. Sherman verließ Atlanta mit dem 14. Korps am 16.; Howard ging über Rough and Ready. Am 23. sollten alle Korps in der Höhe der Linie Milledgeville—Gordon stehen. 2 Eisenbahnlinien, fast parallel, verbinden Atlanta mit der Ostküste; die eine — 308 miles — führt nach Charleston, die andere — 293 miles — nach Savannah. Die erste führt über Augusta und nimmt bei Branchville die nach Nord-Carolina und Virginien führenden Bahnen auf. Die zweite geht über Macon, von wo die Bahnen nach Mobile und Pensacola am Golf abgehen. Millen ist durch eine Querbahn mit der Charleston- und Savannah-Bahn verbunden. Der Landstrich zwischen beiden Bahnen ist bis Millen sehr reich und fruchtbar, von da ab bis zur Küste ist viel Wald und Sumpf. Die Augusta-Charleston-Bahn überschreitet den Savannah bei Augusta; die Macon-Savannah-Bahn geht über den Ocmulgee, Oconnee und Ogechee.

Sherman wußte, daß ihm nichts gegenüberstand als Wheelers Kavallerie, einige Brigaden Georgia-Miliz und vielleicht schwache Detachements der Garnisonen von Savannah und Charleston. Bei Jonesborough hatte Kil-Patrik ein leichtes Gefecht mit der berittenen Miliz gehabt, Howard folgte ihm. Dann wendeten sich beide Kolonnen südlich Lovejoy nach Osten und gingen über Mac Donough und Jackson nach dem Ocmulgee, der auf der nicht zerstörten Brücke überschritten wurde.

Während Kil-Patrik Macon bedrohte, wurde die Eisenbahn nach Savannah am 22. zwischen Clinton und Millebgeville erreicht, und in der üblichen Weise in einer Strecke von 5—6 miles zerstört. Hierbei fand das einzige ernstliche Gefecht dieses Feldzuges statt. Eine Brigade Infanterie, etwas Kavallerie und Artillerie stand am äußersten rechten Flügel bei Griswoldville unter General Walcot, um gegen Macon zu demonstriren. Durch 5000 Mann Milizen und ein Detachement der Garnison von Savannah unter General Phillips wurden sie tapfer angegriffen, aber von den hinter den schnell aufgeworfenen Brustwehren und Schützengräben stehenden Truppen wurden die Konföderirten mit Verlust zurückgeworfen. Phillips zog sich nach Macon zurück und Howard ließ ihn nicht verfolgen, da Macon unwichtig und „seine Basis in der Luft" sei. Der linke Flügel unter Slocum war in 2 parallelen Kolonnen längs und südlich der Augusta-Bahn, die bis Covington zerstört wurde, gegangen, nach Shermans Ausdruck „maskirt", wie alle Korps in diesem Zuge nach Savannah, „durch eine Wolke von Tirailleuren;" ein Theil der Kavallerie ging bis Union-Point um Augusta scheinbar zu bedrohen.

Dann wendete sich das 20. Korps nach Süden, erreichte Milledgeville am 21., wo das 14. Korps, bei dem sich Sherman aufhielt, am 22. eintraf. Die Regierung in Richmond wie in Milledgeville, dem Sitze des Staatsgouvernements, hatten bisher geglaubt, die Unionsarmee sei durch Hoods Offensive und die Zerstörung aller Kommunikationen zur Räumung Atlantas veranlaßt. Als nun beide Flügel der Armee siegreich vorrückten, floh Gouverneur Brown nach Augusta, von wo er und Beauregard phrasenhafte Proklamationen ins Volk von Georgien schleuderten, das des Krieges herzlich müde war. Beauregards Proklamation vom 18. lautete:

„Volk von Georgien! Erhebe dich zur Vertheidigung des vaterländischen Bodens, sammle dich um deinen tapferen Gouverneur und deine braven Soldaten, versperre und zerstöre alle Straßen in Shermans Front, Rücken und Flanken und bald wird die Armee in deiner Mitte Hungers sterben. Sei vertrauend, sei entschlossen. Glaube an eine waltende Vorsehung und der Erfolg wird dein Streben krönen. Ich eile zu euch, um euch bei der Vertheidigung von Haus und Heerd zu unterstützen."

Brown rief alle Männer von 16—45 Jahren, mit Ausnahme der Geistlichen, Richter und Eisenbahnbeamten zu den Waffen, versprach den Sträflingen Befreiung, wenn sie die Waffen ergreifen wollten, und etwa 100 aus den Gefängnissen von Milledgeville traten in die Armee, aber im Allgemeinen hatte der Aufruf sehr geringen Erfolg.

Sherman ließ in Milledgeville Magazine und einige öffentliche Gebäude zerstören, die vorgefundene Baumwolle verbrennen. Das Privateigenthum wurde überall geschont, die Bevölkerung hatte sich hier wie auf dem ganzen Marsche nicht feindselig gezeigt. Einige kriegsgefangene Unionisten wurden befreit, die meisten waren schon früher nach Carolina gebracht worden.

Während der linke Flügel einige Tage bei Milledgeville blieb, rückte der rechte südlich der Macon-Savannah-Bahn (Georgia central rail road) gegen den Oconnee vor.

Da Wheeler nun Augusta bedroht glaubte, hatte er sich dahin gewandt, und Kil-Patrik war ihm über Milledgeville gefolgt und ging gegen Wainesborough vor, von jetzt ab am linken Flügel der gesammten Armee bleibend.

Als Howard am 23. den Oconnee erreichte, fand er das jenseitige Ufer stark besetzt, die Ufer selbst ungünstig für den Bau einer

Brücke. Während er einen Schein-Angriff machte, ließ er 8 miles unterhalb der Eisenbahnbrücke durch das 15. Korps eine Pontonbrücke schlagen und dieses am 25. übergehen. Die feindliche Abtheilung zog sich sofort zurück und am 26. war der ganze rechte Flügel am linken Ufer des Oconnee. Slocum war am 24. ohne Widerstand zu finden östlich von Milledgeville über den Oconnee gegangen, und am 28. standen beide Flügel bei Tenville und Irvingsroads, 4 miles südlich der Augusta-Bahn, während Kil-Patrik bei Wainesborough an der Augusta-Millen-Bahn stand, um gegen Augusta zu demonstriren, und den Uebergang des Heeres über den Ogechee zu decken. Am 28. schlug das 14. Korps, jetzt das nördlichste, eine Pontonbrücke bei Fennsbridge über den Ogechee, 15 miles südöstlich von Sandersville, und marschirte am linken Ufer bis Louisville fort, um Wheeler, der die Arrieregarde angriff, zu täuschen und ihn glauben zu machen, Augusta sei das nächste Ziel der Armee. Während Kil-Patrik und das 14. Korps gegen Wainesborough vorgingen, und Wheeler am 30. November nach Norden zurückwarfen, gingen das 17. und 20. Korps ungefährdet über die Eisenbahnbrücke, während das 15. Korps am rechten Ufer des Ogechee blieb. Da Wheeler zum Schutze von Augusta dahin zurückgegangen war, wendeten sich Kil-Patrik und das 14. Korps südöstlich; das 17. und 20. erreichten am 2. Dezember Millen und alle 3 Korps gingen nun in schnellen Märschen auf der Halbinsel zwischen Savannah und Ogechee der Küste zu. Nur das 15. Korps marschirte auf dem rechten Ufer, überschritt bei Eden, 20 miles von Savannah, den Ogechec und Corse's Division drang am 8. bis zu dem Kanal, der beide Ströme verbindet. Es wurde schnell eine Brücke geschlagen, eine kleine feindliche Abtheilung zurückgeworfen, und das ganze Korps, als Avantgarde des Heeres dienend, drang bis zur Savannah-Golf-Bahn, zerstörte sie und stand nun südöstlich von Savannah. Die Hauptarmee folgte in forcirten Märschen; aber das bisher günstige Wetter wurde schlecht, die starken Regengüsse machten den sumpfigen Boden fast ungangbar, oft mußten meilenlang Knüppeldämme (cordurays) gelegt und Brücken über viele den Weg durchschneidende Flüßchen geschlagen werden; sonst ging es unaufhaltsam weiter, und am Abend des 10. standen die Spitzen der 3 Kolonnen einige miles von Savannah. In der Nähe von Savannah wurden Einzelne durch die Explosion am Wege vergrabener Bomben und Torpedos verwundet, Sherman ließ sie auch hier durch Gefangene aufsuchen. Kil-Patrik bildete jetzt die Arrieregarde und hatte die Angriffe kleinerer Abtheilungen zurückgewiesen, Wheeler blieb in Augusta, ungewiß, wie es schien, ob Sherman Charleston oder Savannah angreifen würde.

Am 16. November war Sherman aus Atlanta marschirt und am 25. Tage stand die Armee vor Savannah, 293 miles, 74 Meilen, ohne die Umwege zu rechnen, waren zurückgelegt. Ungerechnet die wenigen Ruhetage, waren täglich 3 deutsche Meilen gemacht, drei Ströme überbrückt, viele miles Eisenbahnen vernichtet und der Feind in allerdings wenig bedeutenden Gefechten zurückgewiesen; das 15. Korps war noch 2 Tage früher eingetroffen.

Am 11. und 12. verschanzten sich die Truppen im Halbkreise, der sich 10 miles lang von Savannah bis an die Golf-Bahn erstreckte. Die großen Außenwerke der Stadt waren wohl angelegt, stießen an tiefe Moräste und waren mit starken Geschützen armirt. Am 9. Abends schickte Howard den Kapitain Duncan mit 2 Scouts auf einem kleinen Boot den Ogecheestrom abwärts, um Dahlgreen und der Flotte Nachricht von der Ankunft des Heeres zu geben. Duncan und seine Gefährten fuhren nur in der Nacht, versteckten sich bei Tagesanbruch in den sumpfigen Reisfeldern, passirten in einer regnerischen Nacht glücklich Fort Mac Allister und erreichten den Ossabaw-Sound, wo ein Kanonenboot sie aufnahm und sofort nach Hilton-Head brachte. General Foster erhielt Howards Depesche: „Wir haben den vollständigsten Erfolg gehabt, die Armee ist vom besten Geiste beseelt." Um so schnell als möglich Verbindung mit der Flotte herzustellen, beschloß Sherman Fort Mac Allister, das im Januar und März 1863 den Panzerschiffen widerstanden, anzugreifen. Das Fort bestand aus schweren Erdwerken, 3 Halbbastionen, 2 Courtinen, davor ein pallisadirter tiefer, 40 Fuß breiter Graben und war mit 21 schweren Geschützen armirt. Alle Annäherungswege waren von den Bastionen aus durch Haubitzen bestrichen. Jenseits des Grabens waren Verhaue und Torpedos angelegt. Mac Allister liegt am Südende des Ossabaw-Sound und am rechten Ufer des Ogechee, der dort in den Sund sich ergießt, es hinderte die Kommunikation mit der Flotte. Die Besatzung unter Major Anderson war nur 250 Mann stark. Ein zerstörter, nach dem Fort führender Damm wurde in der Nacht vom 12. zum 13. hergestellt und eine Brücke über den Ogechee geschlagen; Kil-Patrik war schon am 12. weiter oberhalb über den Fluß gegangen, um das Fort und die Umgegend zu rekognosziren, am 13. bei Tagesanbruch ging General Hazen mit einer

Division des 15. Korps über die Brücke und begann das Fort anzugreifen. Um halb 4 Uhr Nachmittags war es von allen Seiten umzingelt, die Spitzen der Kolonnen nur 600 Schritt vom Graben entfernt, aber der Weg bis zum Graben führte durch sumpfige Reisfelder, die keine Deckung boten. Trotz des Feuers, der Verhaue und der Torpedos*) drangen die Angreifer, ein Schwarm von Tirailleuren, bis an den Graben, sprangen hinein, überstiegen die Pallisaden, erstiegen die Brustwehren und nahmen die Besatzung gefangen. 20 Minuten hatte das ganze Gefecht, dem Sherman und Howard zusahen, gedauert. Der Verlust der Division Hazen betrug 23 Todte, 82 Verwundete; der der Garnison 14 Todte und 21 Verwundete, 215 Mann wurden gefangen und zunächst zum Wegräumen der Torpedos verwendet.

Sherman sah ein Kanonenboot der unirten Flotte nahen, signalisirte es herbei, bestieg es und schrieb in der Kajüte am 13. folgende Depesche an die Regierung in Washington: „Heute wurde Mac Allister gestürmt. Wir haben Verbindung mit der Flotte. Vorher wurden alle nach Savannah führenden Bahnen zerstört und der Ort vollständig eingeschlossen. Die Armee ist in bester Ordnung und Allem gewachsen. Das Wetter war schön, die Lebensmittel ausreichend. Unser Marsch war sehr angenehm, Guerillas hinderten uns gar nicht. Savannah erreichten wir am 10., konnten aber vor Erstürmung von Mac Allister keine Nachricht geben. Ich glaube, Savannah hat 20,000 Einwohner und 15,000 Mann Garnison unter Hardee. Wir haben bei dem Zuge keinen Wagen verloren, viel Neger, Pferde, Maulesel gewonnen, unser Fuhrwesen ist besser als vorher. Wir haben 200 miles Eisenbahn gründlich zerstört und viele Vorräthe und Lebensmittel mitgeführt, die Lee und Hood nähren sollten. Meine erste Sorge muß sein, meine Neger, Pferde und Esel los zu

---

*) Sherman gab dem General Stedmann, der in Chattanooga kommandirte, im Juli in Betreff der Torpedos folgende Instruktion: „Wenn der Feind auf den Anmarschlinien unserer Kolonnen, dem Annäherungsterrain zu seinen Positionen, den Zugängen zu Brücken und Defileen Torpedos legt, so gehört das zu den erlaubten Kriegsmitteln. Geschieht es aber im Rücken der Armee, werden die rückwärtigen Verbindungen der Armee durch Landeseinwohner oder Guerillas in solcher Weise gefährdet, so ist das Chicane, und man kann Gefangene oder feindlich gesinnte Einwohner zum Aufsuchen der Torpedos verwenden, oder die Wege, ehe man sie benutzt, durch schwere Wagenladungen voller Gefangenen probiren lassen." Dasselbe Verfahren hat er in Georgien und Carolina angewendet.

werden. Die durch die schnelle Erstürmung Mac Allisters gewonnene Verbindung mit der Flotte macht alle Drohungen, mich auszuhungern, zu Schanden. Ich halte Savannah schon für gewonnen."

In Verbindung mit der Flotte wurde nun Savannah eingeschlossen und belagert; durch die Sümpfe wurden Knüppeldämme gelegt und der Batteriebau begonnen. Am 16. wurde Hardee aufgefordert zu kapituliren, lehnte es aber ab. Sherman dehnte nun den linken Flügel weiter aus, um die Nordfront Savannah's zu umfassen und der Garnison den Rückweg nach Charleston abzuschneiden. In der Nacht zum 22. räumte Hardee unter dem heftigen, auf den linken Flügel der Unionsarmee gerichteten Feuer der Panzerwidder Georgia und Savannah die Stadt, nachdem er vorher die Docks und andere öffentliche Gebäude zerstört hatte und zog auf einem Damme, der durch die Sümpfe führt, nach Charleston. Am Morgen des 22. rückte Sherman ein, und telegraphirte an demselben Tage an den Präsidenten Lincoln: „Ich bitte Euch als Weihnachtsgabe die Stadt Savannah mit 150 schweren Geschützen, vielen Vorräthen und etwa 25,000 Ballen Baumwolle überreichen zu dürfen."

Lincoln antwortete: „Vielen, vielen Dank für das Weihnachtsgeschenk Savannah. Als Sie Atlanta verließen, war ich in Sorgen, wenn nicht in Angst, aber ich hielt Sie für fähiger, den von Ihnen gefaßten Plan zu beurtheilen und dachte, wer nicht wagt, gewinnt nicht. Nun das Unternehmen mit Erfolg gekrönt ist, gebührt aller Ruhm Ihnen. Sagen Sie der Armee, den Offizieren und Mannschaften meine dankende Anerkennung."

yours very truly

Lincoln.

Das große Ziel der Unternehmung war mit verhältnißmäßig geringen Opfern erreicht. In etwa fünf Wochen hatte die Armee — etwa 55,000 Mann — eine Strecke von fast 300 miles Länge und 20—60 miles Breite durchzogen, hatte das Eisenbahn-Viereck, dessen Spitzen Atlanta, Macon, Augusta, Savannah bilden, mit der Gründlichkeit, die lange Uebung in solcher Arbeit gewährte, fast ganz zerstört und alle Brücken gesprengt. Von dem Momente an, wo die Armee Atlanta verließ, lebte sie besser als im Lager; Mais, Geflügel, namentlich Truthühner, Kartoffeln, Syrup und Anderes fand man in Menge, Rindvieh, Pferde und Esel wurden zu Tausenden mitgeführt. Bei Savannah angelangt, führte die Armee Fleisch für 50 Tage in lebenden Häuptern mit sich. Die Befehle über das

Fouragiren wurden im Ganzen strenge befolgt, die Bevölkerung zeigte sich nirgends feindselig, nur einzelne Akte der Gewaltsamkeit kamen vor. Sklaven jeden Alters und Geschlechts benutzten die Gelegenheit frei zu werden und vor Savannah folgten gegen 10,000 der Armee. Einige thaten als Wegweiser, Fahrer, auch als Spione, die die Orte verriethen, wo Baumwolle versteckt war, gute Dienste, die meisten waren der Armee eine Last. Wo Baumwolle gefunden wurde, verbrannte man sie*); gegen 15,000 Ballen sind auf dem Wege nach der Küste verbrannt worden.

Der Feind setzte dem Marsche geringe Hindernisse entgegen, die Georgia-Miliz war nur widerwillig dem Aufrufe gefolgt und zeigte wenig Lust zu fechten. Das einzige Mal, wo sie angriff, erlitt sie schwere Verluste.

Wheeler wurde überall über das Ziel der Unternehmung getäuscht, glaubte sie erst gegen Macon, dann gegen Augusta gerichtet, wo er zuletzt unschlüssig stehen blieb, weil er nicht wußte, ob Sherman sich gegen Savannah oder Charleston wenden würde. Auf dem ganzen Zuge von Atlanta bis an die See hatte die Armee an Todten, Verwundeten und Vermißten weniger als 500 Mann verloren, von den Todten und Verwundeten kommen die Hälfte auf die Erstürmung Mac Allisters. So sind die taktischen Leistungen der Truppen nicht bedeutend gewesen, aber bewunderungswerth bleibt die geniale Konzeption, die allein Shermans Verdienst ist, die große Marschfähigkeit der Truppen und ihre von keiner Armee der Welt erreichte Fähigkeit im Ueberwinden von Terrain-Schwierigkeiten. Die Regimenter waren meist aus Illinois, Michigan, Wisconsin, Missouri, also aus dem halbkultivirten Westen, durch ein hartes, arbeitsvolles Leben an Entbehrungen und Anstrengungen gewöhnt, im Fällen von Bäumen, Bauen von Blockhäusern, Dämmen und Brücken geübt, endlich hatten fast Alle die mehrjährigen Kampagnen am Missisippi mitgemacht, in denen militairische Arbeiten im größten Maßstabe ausgeführt wurden. Nach dem Abzuge Hardees hatte Savannah sofort kapitulirt, die Festungswerke hatten geringen Schaden gelitten, aber die Stadt war voller Flüchtlinge, denen es an Lebensmitteln fehlte,

---

*) Mit Baumwolle, die im zweiten Jahre des Krieges als Staats-Eigenthum der Konföderation erklärt war, bezahlte die Regierung Pulver, Schiffe und anderen Kriegsbedarf; sie wurde daher nicht als Privat-Eigenthum angesehen und von der Unionsarmee überall konfiszirt und verbrannt oder nach dem Norden geschickt.

die ihnen nur durch den reichen mitgeführten Proviant gegeben werden konnte. Alle Baumwolle wurde konfiszirt und nach dem Norden geschickt, um da verkauft zu werden. Die Bevölkerung der Stadt war nicht feindlich, kein Ballen Baumwolle wurde verhehlt und nach dem Abzuge der Garnison und nachdem die Einschüchterung durch die Terroristen aufgehört hatte, trat — wie in ganz Georgien — ein latent union feeling*) hervor, zugleich bitterer Haß gegen Charleston und Süd-Carolina, die Fackelträger und Brandstifter der Secession.

Es ist nöthig, noch einen Blick auf Tenessee zu werfen, wo Thomas und Shofield Hoods Armee gegenüber zum Schutze von Chattanooga, Nashville und den Eisenbahnen geblieben waren. Am 21. November war Hood gegen Nashville vorgerückt; Thomas zog sich zuerst zurück, Hood griff Shofield am 30. bei Franklin an, wurde aber nach blutigem Gefecht zurückgewiesen und am 15. Dezember von Thomas bei Nashville entscheidend geschlagen, nur Trümmer seiner von Thomas energisch verfolgten Armee kamen nach Alabama zurück und wurden im Winter 1865 zu dem Heere gezogen, das Johnston in Nord-Carolina zu bilden suchte. So sicher war Tenessee geworden, daß Sherman in der zweiten Hälfte des Januar Shofield mit etwa 20,000 Mann auf Dampfschiffen nach Cincinati, von dort per Bahn nach Alexandria schaffen lassen konnte; von da gingen sie zu Schiff nach Wilmington und Neu-Bern an der Küste Nord-Carolinas, nachdem sie neun Tage durch das Zufrieren des Potomac festgehalten worden waren. Mitte Februar nahm Shofield an den Operationen Theil und ging von Osten, wie Sherman von Süden gegen Goldsborough vor.

Dieser hatte, sobald er nach dem Siege bei Nashville Hoods Armee nicht zu beachten brauchte, in Briefen an Grant und Halleck seinen neuen Kriegsplan entwickelt. Grant hatte gewünscht, daß Sherman nach der Einnahme von Savannah zur See mit seinem Heere nach dem James River gehen möge, um an den Operationen gegen Richmond und Petersburg Theil zu nehmen. Aber er gab nach und genehmigte Shermans Plan: nach Zerstörung des ganzen Eisenbahnnetzes in Süd- und Nord-Carolina und der Isolirung Charlestons und Wilmingtons von Süden aus über Raleigh gegen Petersburg vorzudringen. „Mein Plan," schreibt er Ende Januar an Grant, „ist so lange und wohl von mir überlegt, daß er mir klar wie das

---

*) Geheimes Gefühl für die Union. Shermans Ausdruck.

Tageslicht erscheint." Savannah sollte dem General Foster übergeben werden; dann wollte Sherman den Fluß Savannah überschreiten, Charleston und Augusta bedrohen, aber, die Eisenbahnverbindungen nach jeder Richtung zerstörend, zwischen beiden Orten durchgehen, sich mit der Flotte in Verbindung setzen und sich gegen Wilmington wenden, da das isolirte Charleston machtlos sei und, wie er prophetisch schreibt, „die gegenwärtige Unternehmung Butlers und Porters ohne Zweifel mißglücken werde." Mehr Truppen verlangt er nicht, zu große Heere seien auf den Wegen Carolinas nicht zu bewegen und im dortigen Terrain zum Gefecht zu entfalten. „Ich glaube nicht, schreibt er, daß irgend ein General mehr als 60,000 Mann im Gefecht leiten und führen kann. Unsere Kriegführung ist verschieden von der in Europa, wir bekämpfen nicht feindliche Armeen sondern ein feindliches Volk; Alt und Jung, Reich und Arm muß die eiserne Hand des Krieges fühlen, so gut als die organisirten Armeen. In dieser Richtung war mein Zug durch Georgien von wunderbarem Erfolge. Tausende, die durch die Lügenzeitungen im Glauben erhalten waren, wir seien überall geschlagen, sahen nun die Wahrheit, und hatten keine Lust, dieselbe Erfahrung zum zweiten Male zu machen. Gewiß hält Jefferson Davis sein Volk in guter Disziplin, aber ich denke, das Vertrauen zu ihm ist in Georgien erschüttert und wird es bald in Süd-Carolina sein. Uebrigens brennt die ganze Armee sich an Süd-Carolina zu rächen, ich zittere, wenn ich an sein nahes Schicksal denke, aber ich weiß, daß es Alles verdient hat, was ihm bevorsteht."

Das Werk der Verwüstung begann, wie es Sheridan im südwestlichen Virginien ausgeführt hatte, — vor dem in breiter Front, in vier Kolonnen vorrückenden Heere lag ein üppiges, reiches Land, hinter ihm eine Wüste, als hätte ein Heuschrecken-Schwarm Alles vernichtet. Das Heer lebte wie in Georgien durch Fouragiren, aber hier flohen die meisten Einwohner, versteckten ihre Vorräthe oder schleppten sie mit sich. Die einzelnen Korps der Konföderirten suchten dem vorrückenden Heere soviel Hindernisse als möglich in den Weg zu legen, und bei dem Haß der Unirten gegen Süd-Carolina lockerte sich die Disziplin und manche Gewaltthat geschah. Wo einzelne fouragirende Patrouillen den Feinden in die Hände fielen, wurden sie getödtet; bei Chester fand man 1 Offizier und 7 Mann ermordet, an jede Leiche war ein Zettel geheftet mit den Worten: „Tod allen Fouragierern", an einem anderen Orte fand man 20 Leichen mit derselben Bezeichnung. Sherman schrieb dem konföderirten General Hampton, er habe 1000 Gefangene in Händen und werde für jeden Gemordeten zwei Konföderirte erschießen lassen, den Befehl zur Exekution von 54 Gefangenen habe er bereits gegeben. Das Recht, in Feindesland durch gewaltsame Requisition zu leben, müsse er beanspruchen, wolle Carolina ihm durch die jetzt geflohenen Behörden die nöthigen Nahrungsmittel liefern, so solle kein Mann seiner Armee mehr fouragiren. Hampton drohte in seiner Antwort mit noch schärferen Repressalien.

Der Erfolg von Shermans Operationen war der erwartete; im Winter 1865 fielen alle Punkte an der Küste von Savannah bis zur Grenze Virginiens in die Hände der Flotte, Lee's Armee in Richmond und Petersburg war ganz isolirt, noch größer war der moralische Eindruck eines Siegeszuges durch das Herz der Konföderation, während der Krieg in den drei ersten Kriegsjahren nur die Grenzen berührt hatte.

Am 22. Mai war Goldsborough erreicht und Sherman war auf dem Marsch nach Raleigh, als er Nachricht von dem Fall Richmonds und Petersburgs am 3. April erhielt, der bald die Kapitulation der virginischen Armee folgte.

So war nach einer langen Reihe blutiger Schlachten die Secession „von Intrigue und Leidenschaft angeregt, im Irrthum begonnen, aus Stolz fortgesetzt", gebrochen und die Union erhalten.

Sherman schloß unter für die feindliche Armee günstigeren Bedingungen eine Kapitulation mit Johnston ab und sandte sie zur Ratifikation nach Washington. Als Motiv giebt er an, daß er hätte fürchten müssen, die Armee Johnstons würde sich bei härteren Bedingungen zerstreuen und plündernd im Lande umherziehen; ferner wünschte er nach dem Siege den Südstaaten den Wiedereintritt in die Union mit allen Rechten möglichst zu erleichtern. Nach der Ermordung des ihm wohlgesinnten Präsidenten Lincoln wurde die Kapitulation in für Sherman sehr kränkender Weise kassirt und Grant abgeschickt, um eine andere, in derselben Form wie die mit Lee verabredete, zu schließen.

Lincolns Ermordung hatte allgemeine Entrüstung und tiefe Trauer im Norden erregt, die Partei-Leidenschaft neu entflammt; so schien jede mildere Behandlung des Gegners wie ein Verrath an der Sache der Union. Sherman, im Heere wie bisher im ganzen Volke allgemein verehrt, sah in der verletzenden Art, wie die erste Kapitulation umgestoßen wurde, eine Intrigue Hallecks und Stantons; in Washington, in Ohio, seiner Heimath, wie in der Armee, die er zu so vielen Siegen geführt hatte, wurde ihm später reiche Anerkennung zu Theil, deren lauter Aeußerung er sich gern zu entziehen suchte. Durch Grants Verwendung, der, neidlos wie Lincoln, immer bereit war, fremdes Verdienst anzuerkennen, wurde Sherman nach dem Frieden zum General-Lieutenant ernannt und nach der erfolgten Wahl Grants zum Präsidenten ist Sherman unter ihm Befehlshaber der Armee.

Der amerikanische Krieg zeigt in großen Linien das Bild der Kriege der nahen Zukunft und der Feldzug in Georgien läßt die meisten der eigenthümlichen Züge deutlich hervortreten. Die ausgedehnte Benutzung der Eisenbahnen und Telegraphen, und der indirekte gegen diese Verbindungen des Feindes gerichtete Krieg, die stete Anwendung von Feld-Fortifikationen, die Umwandlung des Terrains zu taktischen Zwecken und die geänderte Verwendung der Kavallerie scheinen die wesentlichen Punkte, worin sich jener Krieg von den früheren in Europa unterscheidet. In Verbindung mit den weittragenden, schnellfeuernden Gewehren der Gegenwart geben vorbereitete Stellungen der Defensive eine so große Ueberlegenheit, daß erfolgreiche Frontalangriffe zu den seltensten Ausnahmen gehören. Die Umgehungen, große Marschfähigkeit der Truppen bedingend, werden also häufiger als bisher angewendet. Durch die von Strom und Wind unabhängigen Dampfschiffe ist ein Zusammenwirken der Land- und See- oder Fluß-Operationen möglich geworden, das in Nordamerika die weithin schiffbaren, mächtigen Ströme erleichtern. Auf den Feldzug in Georgien konnte das keinen Einfluß haben, während es die Unternehmungen in Süd- und Nord-Carolina wesentlich begünstigte. In Folge der Erfahrungen des amerikanischen Krieges haben fast alle Staaten ihre Flotten, ihre Küstenbefestigungen umgeformt, der Seekrieg wie die Art der Vertheidigung der Küsten und Stromeinfahrten ist vollständig geändert und ebenso wird der Landkrieg sich in wesentlichen Punkten umgestalten.

Sherman erscheint durch seine Energie und Intelligenz als einer der ersten Feldherrn Amerikas, seine Pläne sind wohl durchdacht und vorsichtig bis ins Detail vorausberechnet, die Ausführung ist kühn und die rücksichtslose Energie geht bis zu schonungsloser Härte. Sein Aeußeres scheint dem Inneren zu entsprechen; er ist fast 6 Fuß hoch, hager, mehr sehnig als muskulös, zähe, von eiserner Gesundheit und fähig, große Strapatzen zu ertragen. Seine scharfen markirten Züge, die unruhigen, stechenden Augen unter überhängenden Augenbrauen, die gefurchte, aber bedeutende Stirn zeigen eine Natur, in der Wille und Verstand überwiegen.

Ernst, uneigennützig, unermüdlich thätig, bedürfnißlos, aber immer für seine Soldaten sorgend, besaß er im vollsten Maße die Liebe und das Vertrauen seiner Offiziere und Soldaten, die dem scheinbar kalten, ablehnenden Manne bei einzelnen Gelegenheiten, wie bei dem Tode eines von ihm sehr geliebten Kindes, in rührender Weise bezeigt wurde. Grant, der ihm immer befreundet geblieben, ist ein Mann von unerschütterlichem, phlegmatischen Gleichmuth, zäh und fest; immer kühl, vermag nichts das Gleichgewicht seines Charakters zu stören. Bei Sherman überwiegt das nervöse Element, immer innerlich arbeitend ist er von gleich großer körperlicher und geistiger Beweglichkeit. Aus seiner Korrespondenz, die die Schärfe und Ueberlegenheit seines Geistes ausspricht, sind hier einzelne Beispiele ausführlich mitgetheilt, um zu zeigen, welcher Art die Männer sind, die Viele in Europa in behaglicher Indolenz gewöhnt sind als eine Art Halb-Barbaren oder money-makers zu betrachten. Grant und Sherman sind zwei verschiedene Typen des angloamerikanischen Charakters.

Wenn die schreckliche Art der Kriegführung, die absichtliche Verwüstung reicher Länder an die Zeiten des dreißigjährigen Krieges erinnert, so versöhnt es wieder, daß Sherman nur mit schwerem Herzen die härtesten Mittel ergriff, weil sie allein schnell und sicher den Frieden herbeiführen konnten, den er wie die Besseren im Volke und Heere ersehnten. Er schrieb bald nach der Einnahme von Goldsborough, auf der Höhe seines Ruhmes: „Ich bin des Krieges satt, all sein Glanz und Ruhm ist trügender Mondschein, jeder Erfolg erkauft durch eine thränenschwere Saat von Blut und Elend. Wir mußten die Union erhalten oder untergehen und mußten die Secession unterdrücken; aber nun der Feind unterworfen am Boden liegt, ist mir als müßte ich jedem Empörer sagen: „Gehe hin und sündige hinfort nicht mehr." — Und so hat er gehandelt. Wie beim Abschlusse der dem Heere und den Staaten der Konföderation günstigen Kapitulation hat er nach dem Frieden, so viel er konnte, das Schicksal der Ueberwundenen erleichtert und ihre wirklichen Rechte zu wahren gesucht. Nicht die Führer des Heeres — Grant, Sherman, Thomas und Andere — suchten den niedergeworfenen Feind zu zertreten, sondern die Politiker der Zeitungen und im Congreß, die Lieferanten und Börsenspekulanten. Ebenso waren die Helden des Heeres im Süden

— Lee, Longstreet, Johnston — die ersten, die nach abgeschlossener Kapitulation ihre Amnestirung nachsuchten und sich offen für unbedingten, rückhaltlosen Anschluß an die Union erklärten.

Die vereinigten Staaten, denen die Herrschaft auf dem westlichen Kontinent und ein immer steigender Einfluß auf die Geschicke Europas und Asiens gewiß sind, haben in dem 4jährigen blutigen Bürgerkriege ihre Riesenkraft bewährt. Die Geschichte der letzten Jahrzehnte zeigt dort bei großer Energie und rastloser Thätigkeit des Volkes traurige Bilder der Verwilderung, der Bestechlichkeit und Demoralisation. Da gewährt es Trost und Hoffnung, und beweist, daß auch in der schrankenlosen Demokratie die höchsten Güter der Menschheit gewahrt bleiben können, daß die Nation ihre Geschicke vertrauend in die Hände der Männer legt, die an Einfachheit des Charakters, an Wahrhaftigkeit, Stärke und Einsicht dem Vorbilde des Amerikaners — Washington — gleichen, Männer wie Lincoln, Grant und Sherman.

Quellen:

Tenney, history of the rebellion.
Sherman and his campaigns.
Headley, Grant and Sherman, their campaigns and generals.
Reports of the joint committee on the conduct of war.
Shermans report of the campaign of the Carolinas.
Report of the secretary of war 1864—1865.